W9-CGP-715

Jak

wytrzymać
z mężczyzną

Joanna Chmielewska

Jak

wytrzymać
z mężczyzną

 Wiedza i Życie

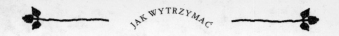

Siedziałam przy stoliku i płakałam w gęsie wątróbki do tego stopnia, że sosu, którego prawie wcale nie powinno być, zrobiła się ogromna ilość. Robiło się go coraz więcej i więcej, tak że w końcu produkt stał się całkowicie niejadalny.

Naprzeciwko, jak łatwo zgadnąć, siedział mężczyzna, który przestał mnie kochać.

Zjawisko to - nie mam tu na myśli sosu w gęsich wątróbkach, tylko utratę uczuć mężczyzny - występuje nagminnie, przybierając różną postać i rzucając się w oczy osobom postronnym to bardziej, to mniej, to wcale, ale „wcale" przytrafia się raz na stulecie. Z reguły tylko pień nie potrafi rozpoznać kobiety, którą przestano kochać wbrew jej życzeniom.

Wielkie nieszczęście musi ujawnić się jakoś na zewnątrz, bo, pozostawione wyłącznie we wnętrzu,

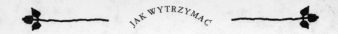

normalną kobietę by zadusiło. Nienormalną także. Te zaduszone zazwyczaj zdejmuje się z żyrandola, wyławia z wód bieżących i stojących, oraz płucze się im żołądki. Do czynów niesmacznych, pozbawionych sensu i godnych nagany pcha je właśnie ów nadmiar nie uzewnętrzniony, syczący w tkankach podskórnych, łącznych, tłuszczowych i rozmaitych innych, o ile takowe istnieją, kłębowiskiem złośliwych i tępych umysłowo węży. Tępota węży ujawnia się w tym, że utopiwszy, lub też struwszy osobę, nie mają się już nad kim znęcać i tracą całą rozrywkę. To tak na marginesie.

Z tajemniczych i nieodgadnionych powodów mężczyźni przestają kochać kobiety, za którymi nie tak znów dawno latali z głośnym wizgiem. Nie mówię, rzecz jasna, o wypadkach, kiedy powody widoczne są na pierwsze spojrzenie i każdy się dziwi, co on w niej widział tyle czasu. Zanik uczuć wszystkim wydaje się w pełni uzasadniony, ponieważ:

1. Niegdyś sylfida, obecnie utyła jak potwór
i myjąc nogi, strasznie sapie.

2. Zestarzała się nie do pojęcia,
oblicze ma w zmarszczkach,
a resztę zwiotczałą.

3. Po domu chodzi rozczochrana, w starym szlafroku,
powłócząc rannymi kapciami. Silnie przydeptanymi.

4. W gruncie rzeczy nigdy nie umiała dobrze gotować,
a ile w końcu można wytrzymać paskudnego żarcia.

5. Awanturuje się, narzeka i jazgocze ogólnie.

6. Narzeka, jazgocze i wyraża pretensje
względnie opowiada co śniło się sąsiadce
z pierwszego piętra zawsze wtedy,
kiedy normalny człowiek:

   a. ogląda mistrzostwa świata w piłce nożnej,
   w których doszliśmy do finału,

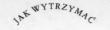
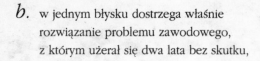

b. w jednym błysku dostrzega właśnie
rozwiązanie problemu zawodowego,
z którym użerał się dwa lata bez skutku,

c. trzyma wędkę, a wielka ryba
chodzi mu koło przynęty,

d. wreszcie chce spokojnie przeczytać gazetę,

e. właśnie błogo zasypia,

f. wraca do domu cholernie głodny
i zamiast konkretu na talerzu otrzymuje
strawę duchową, świdrującą w uszach,

g. rozmawia przez telefon z kimś ważnym,
kogo nareszcie udało mu się złapać,

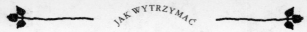

b. śpieszy się na upragnione
spotkanie, a zamek
błyskawiczny w spodniach
odmówił współpracy.

7. Trwoni jego pieniądze w sposób,
budzący powszechną zgrozę i zawiść.

8. Zdobywszy wykształcenie i zrobiwszy karierę,
przewyższa mężczyznę tak, że nie da się tego ukryć,
mimo największych wysiłków.

9. Nie zdobywszy niczego, pomiata nim tak,
że nie da się tego ukryć, mimo itd.

10. Prezentuje kompromitującą głupotę.

11. Prezentuje kompromitującą inteligencję.

12. Dłubie w zębach, które z upływem czasu,
straciły swoją jakość pierwszą.

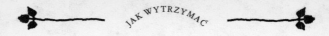
13. Z energią protestuje przeciwko układaniu się
do snu na kanapie w zabłoconych butach.

14. Sama kładzie się do snu na kanapie w zabłoconych
butach, ale to już byłoby monstrum wszechświata,
bo żadna kobieta, nawet kompletnie pijana,
czegoś takiego nie uczyniła od zarania dziejów.

15. I tak dalej.

Wszystkie powyższe powody zaniku wielkiej miłości
są uzasadnione, zrozumiałe i w nikim nie budzą zdziwienia.
Mężczyźni jednakże idą dalej, udają się gdzieś, w jakąś
niepojętą przestrzeń uczuciową i przestają nas kochać bez
jakiejkolwiek przyczyny.

Nie zbrzydłam, nie utyłam, nie zestarza-
łam się, nie zgłupiałam, nie zmądrzałam,
umiałam gotować, pieniądze trwoniłam
tylko własne, nie sapałam, nie powłóczyłam
nogami, nie pomiatałam, nie dłubałam, nie
jazgotałam, zabłocone buty nie bruździły.
A on jednak przestał mnie kochać...

A diabli go wiedzą,
może tylko przestał udawać,
że mnie kocha...?

Oni, oczywiście, udają i kto wie, czy nie w dziewięć-dziesięciu procentach. No, może w siedemdziesięciu pięciu. Udają zas, ponieważ chce taki:

1. Z kimś sypiać,
   a z tą jedną pod ręką wypada mu akurat najłatwiej,
   najprościej i najtaniej.

2. Wracać do domu,
   gdzie jest posprzątane, a brudne koszule
   w postaci upranej same wróciły do szafy.
   Po drodze przyszyły sobie guziki.

3. Wracać do domu, gdzie przed nosem
   pojawi się posiłek na talerzach.

4. Mieć pełną obsługę w razie grypy,
   kataru i niedyspozycji gastrycznych.

5. Żeby ktoś wyczyścił samochód wewnątrz
   bez dodatkowych kosztów.

6. Żeby ktoś go podziwiał i wielbił.

7. Mieć na kim rozładować stres,
   wyniesiony z miejsca pracy.

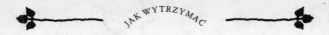

8. Pochwalić się piękną kobietą,
   która podoba się innym.

9. Nie musieć myć po sobie wanny.

10. Mieć święty spokój.

Udają mniej, lub bardziej zręcznie, ale to się czuje.
Nie ma na świecie tak gruboskórnej kobiety, żeby tego nie
czuła. I nie ma takiej, która by nie umiała nie przyjmować
tego do wiadomości i wmawiać sobie, że nic podobnego,
ona źle czuje...

W pierwszej chwili, kiedy postawiono przede mną
te gęsie wątróbki, pachnące i apetyczne, pomyślałam, że
zjem je z przyjemnością, byłam bowiem przeraźliwie głodna.
I już pierwszy, próbny kawałek ugrzązł mi w gardle
i zagrodził drogę całej reszcie.

Niepotrzebnie w tym właśnie momencie zdecydowałam się wziąć byka za rogi. Należało się przedtem pożywić.

Jeśli jednostka płci żeńskiej akurat się odchudza, zasadnicze rozmowy z mężczyzną wskazane są przed jedzeniem. Mur beton, jednostka straci apetyt i odniesie ze swego nieszczęścia niewątpliwą korzyść, która złagodzić może wszelkie ciosy. Gorzkie łkania ucichną na wadze, a w zmaltretowanej duszy błyśnie mała iskierka błogości. Potem już cicha zazdrość przyjaciółek rozdmucha iskierkę w potężne ognisko.

Istnieją wprawdzie osoby, które ze zdenerwowania żrą jak maszyny i apetyt w nich rośnie, na szczęście jednak jest ich niewiele i można je uznać za wyjątek potwierdzający regułę. Osoby zresztą też mają wyjście, niech się uczepią chłopa po jedzeniu, a nie przed. Może im się uda zjeść mniej.

Jedzenie, jako takie, w ogóle potrzebne jest mężczyznom. To oni są prawdziwymi smakoszami, ceniącymi ponad

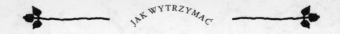
wszytko rozkosze kulinarne. Na milion zainteresowanych tematem samców przytrafi się może jedna samica, można ją uważać za zwyczajny wybryk natury i nie zawracać sobie nią głowy. Samce zaś należy po prostu karmić...

Zaraz, nie o to chodzi w tym miejscu i nie w tym dziele, do karmienia samców przystąpię później i wątpię czy chętnie. Przedstawia ono sobą duże niebezpieczeństwo...

No mówię przecież, nie w tej chwili!
Atawizm, czy co...?

Mężczyźni kochają milczeć.

Bywają dziko gadatliwi, co ogólnej cesze nie przeczy, gadatliwi są inaczej, do kobiety ci gadatliwi też będą milczeć.

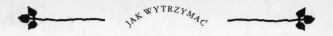

Plotkują między sobą jak szatany, aż bryzg idzie, nie szkodzi, plotki swoją drogą, a milczenie swoją. Jeden na sto tysięcy... jakich znowu tysięcy, jeden na sto milionów chce ze swoją kobietą rozmawiać, bo nie do rozmów, ich zdaniem, kobiety zostały stworzone. Może taki, ostatecznie, rozmawiać z kobietą obcą na różne tematy konkretne, służbowe na przykład, polityczne, o pogodzie niech będzie, snuć wspomnienia z dzieciństwa, lub też chlubnej przeszłości wojennej, z obcą w ogóle o czymkolwiek, ale nie ze swoją o wzajemnym związku uczuciowym. W tym miejscu milczą niczym grób.

Poza, oczywiście, wstępnymi czułościami w rodzaju „kocham cię, tylko z tobą całe życie, tyś moje szczęście jedyne, moja gwiazdeczko, świneczko, małpeczko" i tak dalej. Później, kiedy związek już istnieje, tajemnicza siła wpycha im knebel do gęby i prędzej człowiek przeniesie Giewont do Gdańska, niż wydrze z takiego ludzką mowę, obojętne w jakim języku.

Szczególnie,
jeśli chłód poczyna mrozić
ich uczucia do nas,
niegdyś ogniste i wulkaniczne.

A tu oto atmosfera wydziela z siebie
podejrzaną woń.

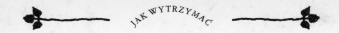

On coś nie taki, jak był i każda kobieta to widzi. Kiedyś cierpliwie znosił, teraz się złości i awanturuje. Kiedyś zauważał, teraz jak ślepy. Kiedyś chciał z nami, teraz woli sam. Kiedyś żarem iskrzył, ledwo łóżko zobaczył, teraz w minutę zasypia martwym bykiem, jakby drąg przypróchniały leżał obok niego. Kiedyś chwytał nas w objęcia przy każdej okazji, przeważnie wybierając niewłaściwe, teraz usuwa się z drogi, którą przechodzimy.

Kiedyś zwierzał się nam i radził, teraz od osób trzecich dowiadujemy się, że jego zakład pracy się spalił, a on sam dostał pochwałę na piśmie za uratowanie z płomieni sekretarki dyrektora.

Ejże, czyżby ta sekretarka...?

Żadne takie, sekretarka ukończyła pięćdziesiąt dwie wiosny, a piękna z pewnością i przed ćwierćwieczem nie

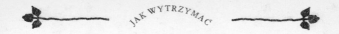

była. Wyłącznie siła fachowa, wysoko kwalifikowana. Zatem nie serce, tylko rozum, jak, do licha, mamy taki rozum rozumieć...?

A ten nasz łajdak milczy. Milczy i milczy, aż się niedobrze robi. Nieprzyjemny bywa, albo obojętny, nie wiadomo co gorsze. Albo o byle co robi piekło na ziemi, no i cóż takiego, że udało nam się ścierkę kuchenną zostawić na telefonie, wielkie mecyje, ktoś zadzwonił w trakcie zmywania i tyle. A otóż nie, słyszymy, że koniec świata, chlew w całym domu, wstręt bierze! Albo na delikatną uwagę, iż buty należy wycierać przed progiem, a nie za, dowiadujemy się gdzie mieszkamy. Nie w domu, a więzieniu, lochy są to, kazamaty, galery, zaopatrzone w sadystycznego dozorcę! Żyć tu się nie da...!

Oj, niedobrze.
A potem podlec milczy.

No i co z takim zrobić? Żadne pytania: czułe, błagalne, podstępne, łzawe, stanowcze i rzeczowe, gniewne i awanturnicze, nie dają rezultatu. Albo wykręci kota ogonem, albo powie, że jest ogólnie zdener-

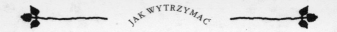

wowany, bo ma problem służbowy, albo nic nie powie i będzie milczał nadal. Zabić go? Nie, do kitu, zabiwszy, już się nigdy od niego niczego nie dowiemy i nasze życie będzie zatrute do końca świata, a nawet jeszcze trochę dłużej.

Może dlatego kobiety rzadko zabijają mężczyzn...?

Uporczywego milczenia w podejrzanej atmosferze nie zniesie żadna normalna kobieta. Własne tak, ale nie jego. Własne jest w pełni uzasadnione i ma swoje racjonalne przyczyny, jego wręcz przeciwnie.

Każda zatem chce pojąć, o co właściwie chodzi i wygrzebać z niego zawartość idiotycznie milczącego wnętrza, czyni starania i osiąga ten skutek, że:

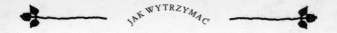
1. sytuacja pogarsza się z godziny na godzinę,
   bo on jeszcze nie dojrzał do gadania,

2. traci go z oczu i zasięgu pazurów, bo on,
   wiedziony instynktem samozachowawczym,
   przestaje wracać do domu przed północą,

3. dowiaduje się brutalnie, iż została porzucona
   i ma wyzuć się z wszelkiej nadziei,

4. słyszy różne głupie łgarstwa,

5. obydwoje zabijają się wzajemnie.

Ostatnia ewentualność przytrafia
się rzadko, bo na ogół jedna
osoba zawsze zdoła zabić drugą,
sama pozostając przy życiu.

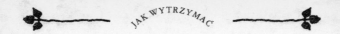
Upiornie milczący drań przełamie wreszcie sam
z siebie swoje milczenie tylko po to, żeby uszczęśliwić
kobietę komunikatem o definitywnym zejściu jego uczuć
do grobu. Milczał, ponieważ myślał, przemyślał sprawę
i stwierdził, że dawna miłość padła trupem, on sam zaś
podąży teraz w siną dal.

Niektórzy rezygnują z grobów
i trupów i zapierają się zadnimi
łapami, iż swojej kobiety nigdy
nie kochali, udawali tylko
wśród trudów i znojów i w
końcu im to ostatecznie
dojadło. Bywa w tym nieco
prawdy.

Niektórzy zaś przy tej okazji wygadują rozmaite
głupoty o przyjaźni, opiece, utrzymaniu znajomości,
wzajemnych doskonałych stosunkach, oraz inne, tym
podobne. Głupoty jednakże wygadują tak często, że można
nie zwracać na nie uwagi.

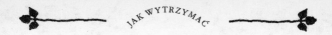

Rzecz oczywista, czarowna informacja zostaje udzielona w chwili, kiedy na jakiekolwiek przeciwdziałanie jest już za późno. Mężczyzna ugruntował w sobie poglądy, udeptał porządnie i wybetonował. Bomby trzeba... Nieszczęsna kobieta bez bomby może najwyżej wyrwać sobie wszystkie włosy z głowy i z tej przyczyny nie powinno się zostawiać im zbyt wiele czasu. Byka za rogi trzeba brać wcześniej.

Wzięcie byka za rogi polega na zadaniu właściwego pytania we właściwym momencie i z właściwym naciskiem. Na takie pytanie otrzymujemy odpowiedź i bodaj nam przedtem język odpadł.

W głębi duszy pewna, co usłyszę, wciąż jednak z resztkami ledwo zipiącej nadziei, w obłoku woni gęsich wątróbek, właściwe pytanie zadałam, odpowiedź uzyskałam i nareszcie mogłam ucieszyć się, że już nie jestem oszukiwana, oraz przystąpić do wylewania łez.

Oburzający był fakt,
że on swoje wątróbki spożył.
Z apetytem.

W żadnym absolutnie wypadku nie należy popełniać błędu z wyborem chwili dla tego byka.

Niepomiernie zdenerwowana kobieta, węsząc nieszczęście, zajmuje się wyłącznie swoimi wątpliwościami, obawami, nadziejami, niepokojami, trzęsą się jej ręce, rozlatują szare komórki i wzdrygają rozmaite organa wewnętrzne, racjonalna myśl natomiast nie ma do niej dostępu. W szczytowej fazie skomplikowanych doznań przestaje panować nad sobą, dociera do kresu wytrzymałości, bielma dostaje na oczach i szczękościsku, i taki właśnie moment służy jej eksplozywnie do chwytania byczych rogów. W najmniejszym stopniu nieprzygotowana na cios, bez pojęcia o tym, co ma nastąpić dalej, niezdolna do niczego, traci grunt pod nogami i popada w rozpacz.

No i na co jej te kwiaty?

Jednostka jako taka rozsądna i przezorna zaczyna od pogawędki ze sobą. Zastępuje podejrzanego mężczyznę, przyjmuje ewentualność najgorszą i nastawia się na klops radykalny. Na przykład:

Ona: *Słuchaj, kochanie,*
chciałabym z tobą porozmawiać.

On: (milczy)

Ona: *Słuchaj, kochanie,*
czy możemy porozmawiać?

On: *Hmmmmm.*

Ona: *Słuchaj, kochanie...*

Żeby nie tracić niepotrzebnie czasu i nie marnować całego dnia na pogawędkę ze sobą, z wysiłkiem usuwa z umysłu fanaberie upartego głąba i przechodzi od razu do kolejnej fazy, kiedy on już wreszcie odłożył gazetę i z wyrazem twarzy:

a. męczeńskim,

b. wściekłym,

c. kamiennym i nieodgadnionym,

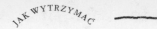
d. obłudnie życzliwym,

e. podejrzliwie wrogim,

f. buntowniczym,
zaczął wydawać z siebie
dźwięki ludzkiej mowy.

Ona: *Panuje między nami
nieprzyjemna atmosfera
i jakiś taki jesteś dla mnie niemiły.
O co chodzi?*

On: *O nic.*

Ona: *Jak o nic, to dlaczego jesteś niemiły?*

On: *Nie jestem.*

Ona: *Owszem, jesteś. Mam wrażenie,
że przestałeś mnie kochać.*

On: (milczy i gapi się w okno)

Ona: *Mówię do ciebie!
Może byś coś odpowiedział?*

On: *Co mam odpowiedzieć?*

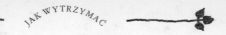
Ona : (Zgrzytając w duchu zębami.
Pogawędka ze sobą ma także i tę dobrą stronę,
że można zgrzytać czym się chce,
fizycznie i na zewnątrz)
Słuchaj,
czy ty mnie w ogóle jeszcze kochasz?
Czy tobie na mnie zależy?

On : (w naturze przenigdy by się tak szybko
nie ugiął, ale w pogawędce ze sobą
przeskakujemy uciążliwy fragment)
Mmmmm... no...

Ona : *Mów wyraźnie! Pytam cię!*
Kochasz mnie jeszcze, czy nie?!

On : (z determinacją wyrywa jej tego byka
i sam go chwyta za rogi)
Nie!

Ona : *Jak to, nie...?*

On : (już odblokowany, bo najgorsze ma za sobą)
Tak to. Pytasz, czy cię kocham,
no więc ci mówię, że nie.
To chyba widać?
Nie kocham cię.
Przestałem cię kochać.

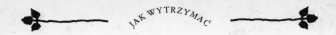

Ona: *Czy to ma znaczyć, że już ci wcale na mnie nie zależy?*

On: *Istotnie. To właśnie ma to znaczyć.*

Ona: (Przerywa na chwilę pogawędkę ze sobą, bo zaczyna ją dławić. Łapie dech, ociera łzy, opanowuje wstrząs i podejmuje kwestię)
To co będzie?
Masz zamiar się ze mną rozstać?

On: *Tak. Przemyślałem wszystko i uważam, że tak będzie najlepiej. Rozstaniemy się kulturalnie i pozostaniemy w przyjaźni.*

Ona: (w pogawędce ze sobą zastanawia się i przyjmuje wariant drugi, gorszy)

On: *...rozstaniemy się i niech cię więcej nie widzę na oczy. Zapomnij, że w ogóle istniałem.*

Ona: (Po namyśle przyjmuje wariant trzeci, jeszcze gorszy, żeby się uodpornić na wszystko)

On: *Już dawno patrzeć na ciebie nie mogę! Wynoś się, odczep się, zejdź mi z oczu!*

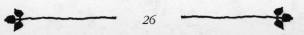

Znienawidziłem cię śmiertelnie! Niedobrze
mi się robi, jak gębę otwierasz!

Ona: (W obliczu wielkich emocji doznaje
pewnej ulgi. Eksplozja uczuć, obojętne jakich,
jest bliska jej duszy)
Doskonale. Pójdę sobie.
Gdzie mam się udać?

On: *Gdzie ci się żywnie podoba.*
Nic mnie to nie obchodzi.
Najlepiej do diabła.

Ona: *Czy będziesz mi płacił alimenty?*

On: *Zwariowałaś?*
Niby dlaczego miałbym płacić?
Młoda, zdrowa baba,
weź się do roboty!

Ona: (Ogłuszona nieco rozwojem sytuacji
w pogawędce ze sobą, zaczyna się gwałtownie
zastanawiać, co właściwie powinna zrobić
i gdzie się podziać. Kiełkuje w niej bunt
i popiskują czynniki racjonalne)
O nie! Do roboty mogę się wziąć,
proszę bardzo, ale nigdzie nie idę!
To ty się wyniesiesz!

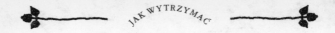

Najlepiej do tej baby, dla której mnie porzucasz, łajdaku!

On : (W pogawędce ze sobą nie sposób przewidzieć, co teraz zrobi i powie. Zapewne odruchowo zaprzeczy babie, ale nie ma to najmniejszego znaczenia. Kontynuacja pogawędki napotyka trudności)

Ziarno już jednakże zostało zasiane i całe jestestwo kobiety przygotowuje się do zniesienia klęski. Czynniki racjonalne ruszyły i zaczęły odwalać robotę. W dodatku on się zachował tak obrzydliwie, że rozstanie wydaje się wręcz pożądane, a tę jakąś babę niech diabli wezmą i szlag trafi.

Tak opancerzona kobieta może już przystąpić do przełamania męskiego milczenia i zasadniczej rozmowy. Dla podbudowania nadwyrężonej psychiki dobrze jest kupić

sobie przedtem nowy kapelusz, nowe pantofle, lub też nową kieckę i mieć to w zapasie, jeszcze ani razu nie noszone. Myśl o przystrojeniu się po raz pierwszy w nowość spłynie balsamem na duszę każdej jednostki żeńskiej.

Pogawędkę ze sobą można podjąć, ale nie jest to wskazane, jawią się bowiem i błyskają rażąco pytania typu: „dlaczego", a wśród nich zasadnicze: „dlaczego przestałeś mnie kochać?". Żadna kobieta samej sobie na to nie odpowie, a i mężczyzna będzie miał kłopoty, o ile nie występują wyraźne przyczyny, wyłuszczone parę stron wcześniej. Dobrowolna rezygnacja z odpowiedzi na to pytanie przekracza ludzkie siły i nie wchodzi w rachubę. W rezultacie zasadnicza rozmowa może przybrać charakter niezamierzenie gwałtowny i wysoce niepożądany.

Zależnie od temperamentów, zniszczeniu ulegną:

1. Twarz osoby zainteresowanej, uczestniczącej w konwersacji.

2. Odzież osoby jak wyżej.

3. Uwłosienie osoby jak wyżej.

4. Naczynia szklane i porcelanowe.

5. Długo i z wysiłkiem hodowane kwiaty
w doniczkach.

6. Dobre stosunki z sąsiadami.

7. Niektóre, mniej solidne, fragmenty umeblowania.

8. Nieposzlakowana dotychczas opinia
w oczach wymiaru sprawiedliwości.

9. Diabli wiedzą, co jeszcze.

*A na jaki plaster nam ta cała robota
z naprawianiem szkód,
nie wspominając już o kosztach...?*

Moment do przełamania męskiego milczenia
wybrałam sobie zatem niewłaściwy ze wszystkich punktów
widzenia, marnując tym sposobem nie tylko gęsie wątróbki,
ale także ścisły związek z mężczyzną. Słusznie zostałam
porzucona na zawsze. Głupota jest karalna.

Telefon dzwonił i dzwonił i dzwonił. Okazało się, że
dzwoni służbowo. Bo zdobyłam się wreszcie na to, żeby
wyciągnąć rękę, ująć słuchawkę i przyłożyć ją do ucha.

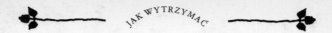

- Czy pani przygotowała dokumentację
do podpisu na jutro rano? - spytał mój szef.

Pień, a nie człowiek.

Kretyńskie pytanie.

Dużo mnie obchodziła dokumentacja. Zostałam
porzucona, eks-mój mężczyzna odprowadził mnie do domu
z zaciśniętymi zębami i poszedł sobie z ulgą. Nie było go
już. Nie miałam do niego dostępu. Nie mogłam:

1. Zrobić mu piekielnej awantury.

2. Zadawać pytań, natrętnie żądając odpowiedzi.

3. Przyciskać go do muru.

4. Podrapać mu twarzy pazurami.

5. Rozbić mu na głowie kilku talerzy.

6. Pokazać mu się wypiękniona i kusząca,
   proponując kieliszek wina na pożegnanie.

7. Zawlec go do łóżka.

8. Szlochać w kamizelkę.

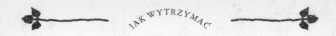
*Zresztą, kamizelka, pod którą nie kołacze
się nic, poza zniecierpliwieniem i niechęcią,
przedstawia sobą produkt bezwartościowy.
Kamizelka musi nas co najmniej lubić,
żeby był sens wylewać w nią łzy.*

9. Nic nie mogłam.

*A ten bezduszny i tępy osioł
zawracał mi głowę dokumentacją...!*

Chciałam siedzieć w kącie i nie dotykać tego supła,
który się we mnie zacisnął. Ewentualnie rozdłubywać go
masochistycznie nożyczkami do manicure. Nie chciałam
rozmawiać z nikim, a jeśli już, to z pewnością nie
o dokumentacji. Prędzej o rodzajach płyt nagrobkowych.

Dokumentacja, rzeczywiście...!

Niech ją sobie wetknie w dziurki od nosa.

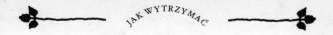
Największym nieszczęściem kobiet stało się równouprawnienie.

Biologia, niestety, nie poszła z postępem. Opór jakiś głupi stawiała, ludzie swoje, a ona swoje i nikt jej nijak nie może dać rady.

Z niesmakiem należy stwierdzić, że nadal tylko kobiety rodzą dzieci, a w dodatku karmią je własną piersią i żaden chłop się za to nie łapie. Żaden także nie rwie się entuzjastycznie do zajęć, przez całe wieki uważanych za damskie. Jedyne katusze, jakie sobie dobrowolnie zadają, to trwała ondulacja, a i tak gdzie tej dzisiejszej, zimnej, do dawnej, robionej na gorąco!

Jedna pani powiedziała kiedyś, że chodzi do fryzjera i robi trwałą wyłącznie po to, żeby przeżyć nieziemską błogość w chwili zdejmowania owych gorących blach z głowy.

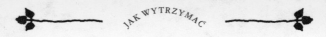

JAK WYTRZYMAĆ

Mężczyźni przytomnie zdecydowali się na tę operację dopiero od momentu, kiedy zaczęła przebiegać ulgowo i można im tylko zazdrościć zdrowego rozsądku.

Kobiety zaś musiały stracić wszelki rozum.

Mało im było rodzenia dzieci, mało rozrywek domowych w postaci prania, sprzątania, gotowania i szycia, mało udręk z chłopami, których musiały obsługiwać, czuły zapewne jakiś niedosyt masochistyczny, postanowiły bowiem pracować zawodowo i zarabiać pieniądze. Tym sposobem do wszystkich zajęć tradycyjnych dorzuciły sobie zajęcia moderne.

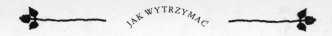

Szczęśliwa z pełni życia kobieta, pławiąca się w orgii praw politycznych i obywatelskich, w jednej dłoni dzierżąca odkurzacz, a w drugiej kalkulator, trzecią, z czułym uśmiechem na ustach nalewa herbatkę mężowi, czwartą poprawia dziecku błędy w szkolnym zeszycie, piątą wiąże tobół z brudami, żeby je odwieźć do pralni, szóstą... nie, zaraz, czy nie pomyliło mi się z ośmiornicą...? A, co tam, szóstą robi sobie kunsztowny makijaż, siódmą podlewa kwiatki... Ósmą zmywa.

Powiedzmy, że tobół da się wtrynić chłopu, chociaż oni pralni okropnie nie lubią. Z tajemniczej przyczyny widok czystej, średnio czystej, a nawet brudnej poszewki na poduszce nie robi na nich żadnego wrażenia, widok tejże samej poszewki przeliczanej w pralni, wstrząsa nimi do głębi. Osobliwe zjawisko. Jednakże tobół swoje waży, mamy zatem argument. Mężczyzna, jak prawie każde zwierzę płci męskiej, jest silniejszy fizycznie, a nawet gdyby nie był, za skarby świata się do tego nie przyzna. No to niech nosi.

Jasne, oczywiście, istnieją porządni i szlachetni, którzy pomagają żonie w domu i w kuchni. Jest to w ogóle nieporozumienie. Mamy równouprawnienie, czy nie? Mamy. Dlaczego zatem w kuchni mężczyzna pomaga kobiecie, a nie kobieta mężczyźnie? Powinno to wypadać co najmniej pół na pół. W parzyste dni on pomaga jej, w nieparzyste ona jemu, a o lata przestępne nie będziemy się spierać.

Przy najbliższej okazji wyobrazimy sobie ten przestawiony świat, z kobietą na miejscu mężczyzny i mężczyzną na miejscu kobiety i dopiero wtedy nam oko zbieleje.

Ależ istnieją tacy, istnieją, co to i zakupy zrobią i garnki pozmywają i kartofle obiorą i na wywiadówkę do szkoły pójdą i sami sobie upiorą gacie i skarpetki, i nawet herbatę żonie podadzą. Wszystko zrobią, posępniejąc sukcesywnie, a potem właśnie przestaną nas kochać, bo nie ten kierat upiorny był celem ich życia.

Nie, to niezupełnie tak.
Jedni przestaną nas kochać,
a drudzy się z nami ożenią.

Sam diabeł za nimi nie trafi. Jedno jest pewne: cokolwiek uczynią będzie to miało na celu pozbycie się zajęć, tradycyjnie damskich.

I tak oto kobiety, z wielkim krzykiem protestu i miotaniem na prawo i lewo białą niewolnicą, uciskiem człowieka przez człowieka, podrzędnym gatunkiem w przyrodzie, dyskryminacją płci, oraz innymi podobnymi bredniami, osiągnęły wielki sukces w postaci galerniczej pracy własnej i niebotycznych ulg dla mężczyzn. Mężczyźni z wielką przytomnością umysłu, a należy zauważyć, że w kwestii pozbywania się uciążliwych obowiązków wykazują bystrość wysokiej klasy, połapali się w sytuacji, poniechali sprzeciwów i radośnie przyjęli zaoferowane im korzyści.

Tyle, że widząc przeraźliwą głupotę kobiet, przestali je cenić.

Emancypacyjne nieszczęście kobiet ma tak potężne rozmiary, jest tak obszerne i wszechstronne, tyle zawiera w sobie aspektów, że zgoła nie wiadomo jak się za nie brać. Chronologicznego porządku to straszne świństwo nie ma, może zatem spróbujemy dziedzinami.

Zaczniemy od tej brutalnej i obrzydliwej. Od pieniędzy.

No dobrze, już dobrze. Były czasy, kiedy taka
nieszczęsna, nawet śmierdząca dużym groszem, nic z tego
nie miała, bo mieniem dysponował i decydował o nim tatuś,
małżonek, braciszek, wujaszek, lub też inny przedstawiciel
zdecydowanie gorszej płci. Akomodacja w przyrodzie nie
samym okiem żyje, uciśnione damy doskonale potrafiły
przystosować się do rządzącego światem prawa i doiły
z nich tę forsę rozmaitymi metodami, niekiedy tylko
stwierdzając, że już nie ma co doić, bo oni też umieją być
rozrzutni. Pech. Ten układ, istotnie, należało zmienić, co
też zostało dokonane.

Prawo do mienia jednakże zyskawszy,
było na tym poprzestać, a nie pchać się
dalej.

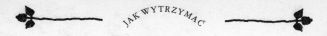

Oni wiedzieli, że muszą zarobić na dom, rodzinę i dzieci, także na przypadkowe damy kuszącej urody, także na rozmaite rozrywki własne, no i zarabiali, bo do głowy im nie przyszło, żeby coś tu zmienić. Leniwi zawsze byli, a także konserwatywni, do czego przywykli, to im zostawało. I oto niebo się z nagła przed nimi otwarło, głupie baby bowiem, same z siebie, rzuciły się do zdejmowania z nich ciężarów, pchając pod nie własne barki.

Udało im się, wepchnęły.
Tym sposobem zyskały obowiązek
na równi z mężczyzną i chcąc nie chcąc,
same się zmusiły do:

1. Zdobywania wykształcenia i zawodu.

2. Wstawania o szóstej rano i opuszczania domu w pośpiechu, bez względu na pogodę i samopoczucie.

3. Przestawiania umysłu na sprawy obce własnej duszy i niekiedy nawet obrzydliwe.

4. Kontaktu z osobami, na które nie mogą patrzeć.

5. Trzymania języka za zębami.

6. Kładzenia uszu po sobie.

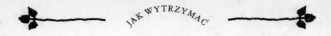
7. Malwersacji, nadużyć i produkcji manka.

8. Podejmowania błyskawicznych decyzji,
co stanowi nieznośną torturę dla każdej istoty
płci żeńskiej wyższego rzędu.
(Niższe rzędy nie widzą w tym problemu,
na przykład atakująca pantera.)

9. Niszczenia z trudem zdobytej, modnej odzieży
w komunikacji publicznej.

10. Liczenia.
(Tu należy podkreślić zjawisko zadziwiające
i niepojęte. Na sto kobiet liczyć umie przeciętnie
jedna, bywa zatem, że w którejś setce dwie,
na stu mężczyzn liczyć umie dziewięćdziesięciu
ośmiu. Wyjątki potwierdzają regułę.
I we wszelkich rachubach, kasach, bankowościach,

księgowościach i innych placówkach
matematycznych siedzą kobiety.
Harując w pocie czoła, słusznie uważają,
że pracują ciężej, niż górnik na przodku
i więcej powinny zarabiać.
Zgadza się, górnik robi to co umie
i do czego się nadaje, one zaś wręcz przeciwnie.
Gdzie sens, gdzie logika i kto taki idiotyzm
wymyślił? Jakiś zakamieniały antyfeminista...?)

11. Krótko mówiąc: zarabiania pieniędzy.

Doszły przy tym do stanu takiego ogłupienia, że jeśli
któraś może pracować zawodowo, zarabiając pieniądze,
i nie czyni tego, uważana jest za kretynkę.

Zarabianie pieniędzy, samo w sobie, jest w zasadzie
objawem przyjemnym. Zarobione przez siebie, a zatem
całkiem własne pieniądze można wydać na co się chce
i nawet nagannie roztrwonić, ma ono jednak jeden
mankament. Rodzi cechę odrażającą i w najwyższym stopniu
uciążliwą, mianowicie poczucie odpowiedzialności.

I tu konflikt straszny w głębi duszy rozkwita, wybucha
i szaleje. Kapelusz, czy rachunek za telefon...? Garsonka,
czy armatura do zlewozmywaka, bo starą diabli wzięli...?
Skromniutka etola z norek, czy remont łazienki...?
Rękawiczki, czy mięso na obiad...?

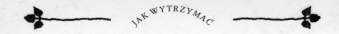

W tym ostatnim wypadku każda kobieta, nawet bardzo obowiązkowa, wybierze rękawiczki, bo od jedzenia się tyje. Uczyni ze wszechmiar słusznie.

Poczucie odpowiedzialności, jako takie, w kobietach istnieje z natury, ale ogranicza się do elementów, biologicznie do niej przynależnych. Do dzieci. Nader rzadko się zdarza, żeby kobieta, ratująca z płonącego domu nawet patelnię teflonową i najnowsze pantofle, zapomniała o dzieciach, błogo śpiących w kolebce. Równie rzadko przytrafia się jej zapomnieć o odebraniu dziecka z przedszkola, o jego wietrznej ospie, posiłku i w ogóle obecności. Dziecko przy boku ma zakodowane, dziecko pozostawione samotnie w domu gryzie ją natrętniej, niz komary w wilgotnej puszczy i potrafi zatruć bal w operze wiedeńskiej. Dziecko, odgrzewające sobie samodzielnie obiad po powrocie ze szkoły, pcha ją do telefonu w trakcie:

- konferencji na najwyższym szczeblu

- operacji woreczka żółciowego
i zastawki sercowej

- remanentu w sklepie jubilerskim

- sprzedawania biletów w kasie kolejowej podróżnym, których pociąg odchodzi za czterdzieści sekund

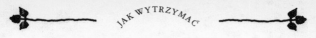

- eliminacji do mistrzostw świata pań
na torze w Le Mans

oraz wszelkich innych zajęć.

Oto przykład kliniczny:

Na różnych wyścigach konnych co najmniej ze
dwadzieścia razy w sezonie rozlega się z głośnika
rozpaczliwy apel do jakiegoś tatusia, na którego mały
Mareczek czeka w sekretariacie. Najstarsi ludzie nie
pamiętają, żeby taki apel kiedykolwiek dotyczył mamusi,
która w szponach hazardu zdołała o Mareczku całkowicie
zapomnieć. I wcale nie dlatego, że mamusie bywają tam
rzadziej.

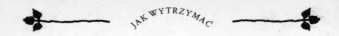
Odpowiedzialność za Mareczka
tkwi w mamusi biologicznie.
Mówiłam, że ta biologia nie nadąża!

Reszta przeciwnie. Biologicznie tkwi w mamusi przekonanie, że odpowiedzialność za wszystko inne ponosi mężczyzna. Odpowiedzialność własna wypacza jej charakter.

Walka z biologią jest niewskazana i nie daje dobrych rezultatów. Zdaje się, że jeszcze nigdy nikt jej nie wygrał, a nawet jeśli wygrał, na złe mu wyszło. I dobrze mu tak.

Niewątpliwie szatański pomysł tego zarabiania pieniędzy zalągł się w jakiejś kuchni, wśród prac domowych. Może akurat osobie coś wykipiało.

Osoba wyobraziła sobie czarowny raj. Elegancko przyodziana, uczesana i z wyszukanym makijażem, siedzi wygodnie w jakimś biurze, wokół niej dorośli ludzie, którzy nie rozmazują sobie po twarzy łez brudnymi rękami, rycząc przy tym głośno, niekiedy nawet mężczyźni, którym nie musiała cerować skarpetek i prasować koszul... (I nie będzie musiała! Niechby nawet wszystko mieli, jak psu z gardła wyjęte!), zakres obowiązków ma ograniczony, pisze sobie spokojnie na maszynie, przekłada papierki z jednej strony

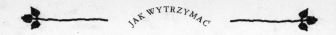

biurka na drugą, papierki lekkie, nie kipią, nie przypalają się, jeść nie chcą i myć ich nie trzeba, przez osiem godzin sama przyjemność, święty spokój i relaks. I za to jeszcze jej zapłacą! A któż by nie chciał, któż by o takim szczęściu nie marzył...?!

Wyobraźnia popełnia różne wybryki
i miewa szeroki zakres.
Mogła podsunąć inne obrazy.

Ukochana rodzina siedzi przy stole, dziecko wylało na siebie talerz zupy, mąż wrzeszczy o sól, drugie dziecko odmawia spożycia marchewki, w kuchni przypalają się naleśniki, a dlaczegóż by ona nie miała robić tego wszystkiego za pieniądze? Kelnerka, jakiż to piękny zawód,

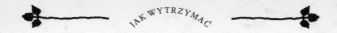

nie chce ten głupek marchewki, niech nie żre, zupę wylało, można posprzątać z czułym uśmiechem i przecudowną świadomością, że odzież gnojowi zmieniać i prać ją będzie kto inny. A co do przypalania, to dużo ją obchodzi i za taką przyjemność dostanie pieniądze...!

Analizy w laboratorium spokojnie sobie robi, doświadczenia chemiczne, interesujące i miłe, chociaż nieco może przesadnie aromatyczne, tnie szmatę wedle formy, albo coś nowego wydziwia, opiekuje się zrzędzącym i kwękającym bałwanem nie przez całą dobę na okrągło, tylko przez parę godzin i furt jej za to płacą. Ależ to raj! Po diabła ma się męczyć za darmo we własnym domu...?!

I te oto czarowne wizje zadecydowały o dalszym ciągu egzystencji. Wyobraźnia zapomniała bowiem o pewnym drobiazgu.

Otóż raj rajem i przyjemność przyjemnością, ale dom własny, mężczyzna i dzieci pozostały, nie ulegając zmianie. Zawód wyuczony i wykonywany zabiera swoje osiem godzin, pokonanie przestrzeni pomiędzy miejscem zamieszkania a miejscem pracy też wymaga czasu, razem wziąwszy kosztuje to godzin co najmniej dziewięć. W smętnej reszcie, która ocalała z dzionka, wyzwolona kobieta musi zmieścić:

- posprzątanie mieszkania

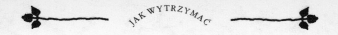

- przyrządzenie posiłków, co najmniej dwóch,
obiadu i kolacji, jeśli ma dość rozumu,
żeby zepchnąć z siebie śniadania

- dokonanie zakupów i tu dziękujmy Bogu,
że w ukochanym kraju skończył się nam
ustrój ogonowy

- przepierkę,
bo duże pranie załatwi jej pralnia

- oraz parę innych drobnostek

Kobieta straciła czas dla siebie.

A na ten temat złośliwa wyobraźnia nie powiedziała
ani słowa. Nie ostrzegła. Nie podsunęła wizerunku
zaniedbanej zmory, o wiszących wokół głowy strąkach, lub
też zmierzwionej i żałosnej kupce sianka, o połamanych
paznokciach, o przywiędłej, a za to bogatej w zmarszczki
skórze na obliczu, oraz o innych urokach, jakie przyozdobiły
naszą postać. Nie pisnęła o szatach, które wprawdzie nie
zdobią człowieka, ale kobietę znakomicie potrafią oszpecić.
Podpuściła nas, krótko mówiąc, jak świnia.

Dałyśmy się wyrolować.
Co gorsza, mężczyźni skorzystali z okazji
skwapliwie i wszechstronnie.

Osoby o inteligencji obojętne jakiej, a za to o instynkcie powyżej przeciętnej nie tylko dają sobie z tym kataklizmem radę, ale nawet wychodzą ostro do przodu. Przede wszystkim:

1. W ramach działalności pedagogicznej zdejmują sobie z głowy dzieci. Dziecko należy przygotować do życia, musi ono zatem umieć:

   a. myć się samo z uszami włącznie,

   b. ubierać się samo z prawidłowym skojarzeniem dziurek i guzików włącznie,

   c. zrobić sobie śniadanie z produktów nieszkodliwych dla zdrowia i nawet je zjeść,

   d. trafić ze szkoły do domu bez poszukiwania po drodze dodatkowych rozrywek,

   e. pojąć, bodaj mgliście, po co chodzi do szkoły i dlaczego jest lepiej dla niego tę szkołę skończyć. Sztuka to wielka, ale osiągalna,

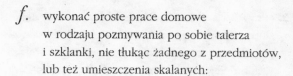
f. wykonać proste prace domowe
w rodzaju pozmywania po sobie talerza
i szklanki, nie tłukąc żadnego z przedmiotów,
lub też umieszczenia skalanych:

- błotem

- oranżadą

- jajkiem na miękko

- oliwą ze spożytych w pośpiechu szprotek

- tuszem z długopisu

- smarem z przypadkowo spotkanego
buldożera sztuk odzieży w koszu z brudami,
a nie na parapecie okna,
wśród świeżo nabytych artykułów
spożywczych,
albo pod stosem zeszytów i książek.

g. własnoręcznie i ze skutkiem
wyczyścić sobie buty

h. i tym podobne.

Następnie:

2. Używając wyszukanych podstępów, ewolucyjnie,
lub też jednym ciosem, przyuczyć i przymusić
mężczyznę dokładnie do tego samego, co dziecko.
Nadprogramowo, podziwiając jego męską siłę,
skłonić go do podnoszenia ciężarów, co oznacza
dokonywanie zakupów. Rzecz jasna, w grę wchodzą
wyłącznie produkty proste i jednorodne,
innych bowiem mężczyzna nabyć nie potrafi.
Nie wymagajmy w końcu od niego zbyt wiele.

3. Wyrwać z serca i duszy głęboko zakorzenione
poczucie obowiązków atawistycznych,
a zatem uświadomić sobie, że:

a. jej prywatny mężczyzna nie jest paralitykiem

b. posiada dwie sprawnie działające ręce
i do tego dwie przydatne nogi

c. nad kończynami ma głowę,
w niej zaś urządzenie,
zwane mózgiem

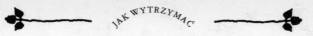
d. urządzenie informuje go, iż:

- jest głodny

- potrzebne mu czyste gacie i czysta koszula

- powinna mu tego dostarczyć kobieta

- nic z tych rzeczy,
kobiety nie ma na podorędziu,
ponieważ poszła do pracy

- jeśli nawet jest,
odmawia usług w sposób kategoryczny

- człowiek może żyć bez jedzenia
czterdzieści dni,
ale nie najlepiej się przy tym czuje

- co do gaci i koszul,
brudne czynią złe wrażenie

- coś trzeba zrobić.

Po bezskutecznych próbach nakłonienia kobiety do spełnienia obowiązków, które przestały być jej obowiąz-kami, urządzenie sygnalizuje kilka wyjść awaryjnych:

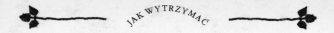

1. Zaspokoić swoje potrzeby samemu.
   (Obrzydliwe)

2. Urządzić potworną awanturę
   (Niepewne. Może nie dać rezultatu)

3. Zaangażować fachowca
   (Kosztowne)

4. Zamienić kobietę na inną.
   (Interesujące)

Po czym zazwyczaj mężczyzna przestaje nas kochać i odchodzi w siną dal. Tyle zyskują kobiety na swoim równouprawnieniu...

To znaczy, nie, nie tak, nie to chciałam powiedzieć. Oni potrafią zamieniać kobietę na inną, zawsze, wszędzie, w każdym wypadku, bez żadnego powodu i bez

najmniejszych naszych starań. Jest to rodzaj klęski żywiołowej i ciężko coś na to poradzić.

Jeśli jednak kobieta o instynkcie powyżej przeciętnej zdoła powyższą akcję przeprowadzić, nie osiągając skutku radykalnego, mianowicie pozbycia się mężczyzny, zyskuje wielkie szanse.

Wraca z pracy i nie musi:

1. W dzikim pośpiechu przyrządzać posiłku
   (No, ostatecznie, niech będzie.
   Ktoś ten posiłek przyrządzić powinien.
   Niechże ona to załatwi w wolnej chwili,
   zostawi w lodówce, a potem tylko podgrzeje.
   Co ma być świeże, zajmie ledwo kwadrans)

2. Zmywać naczyń z całego dnia.

3. Z włosem rozwianym i obłędem w oczach
   rzucać się do sprzątania, prania, prasowania,
   przyszywania, poprawiania, czyszczenia,
   użerania się, szukania i znajdywania.

Może za to:

1. Zrobić poobiednią kawkę,
   usiąść spokojnie i oddać się lekturze.

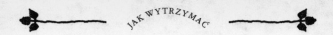

2. Odpocząwszy, w skupieniu obejrzeć się w lustrze i zastanowić, co by jej się przydało.

3. Umyć głowę.

4. Zmienić odzież roboczą na wytworną i wyjść:

- na spotkanie ze znajomymi

- z wizytą do przyjaciół

- do kawiarni, do knajpy, do kina, na spacer, na przegląd sklepów, do Wesołego Miasteczka, dokądkolwiek.

- nigdzie nie wychodzić, spędzić spokojny wieczór w domu

- zobaczyć się z interesującym mężczyzną.

No i tu się właśnie zaczyna...
Dziedzina druga:

Z tego całego równouprawnienia
mężczyźni zgłupieli również.

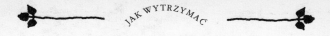

Przede wszystkim wykazują zdumiewający
i gruntowny brak logiki.

W czasach, kiedy kobieta zajmowała się wyłącznie
życiem prywatnym i nie zwaliła sobie na głowę dodatkowo
pracy zawodowej i tego piekielnego zarabiania pieniędzy,
a zatem kiedy miała nieco mniej obowiązków i obciążeń,
cackali się z nią jak ze śmierdzącym jajkiem. Podnosili
upuszczone chusteczki i wachlarze...

Chociaż nie, z chusteczkami i wachlarzami damy sobie
spokój. Z reguły upuszczane bywały w celach podrywczych
i liczne nieporozumienia i nieszczęścia wybuchały, jeśli do
podnoszenia rzucał się osobnik niewłaściwy, bo właściwy,
idiota kompletny, nie połapał się w sytuacji. Z życiem
codziennym nie miały nic wspólnego.

...tylko ostatni gbur mógłby siedzieć,
jeśli kobieta stała. Tylko ostatni cep
bez wychowania nie niósłby jej ciężkiego
przedmiotu, wydartego ze słabych rączek.
Tylko ostatni łajdak, godzien potępienia
wszechświatowego, obarczyłby ją jakim-
kolwiek załatwianiem spraw publicznych,
w rodzaju wizyty w urzędzie, naprawy
instalacji, lub też zgoła dopilnowania
remontu całego domu, nie wspominając
nawet o myciu powozu i obrządzaniu koni.

Obecnie natomiast, kiedy idiotycznie równouprawniona kobieta robi wszystko i oprócz tego jeszcze
trochę, traktowana jest tak, że zgroza ogarnia. Może sobie
stać do upojenia, podczas gdy mężczyzna, tępo
i bezdusznie, siedzi na odwłoku jak ten pień. Może sobie
dźwigać ciężary (osobiście, z pustej ciekawości i głębokiego
rozgoryczenia, razem wymieszanych, zważyłam kiedyś
przyniesione do domu zakupy. Ważyły szesnaście i pół
kilograma), a mężczyzna okiem nie mrugnie...

Oj, dobrze już, dobrze. W towarzystwie kobiety
własnej, lub tylko znajomej, obecny przy jej boku, nosi,
podnosi i stoi. Gdyby to był jego rodzony dziadek, osobnik
niewątpliwie męskiej płci, też by nosił, podnosił i stał.

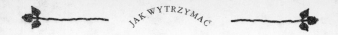
Dlatego właśnie oni usilnie starają się unikać zarówno dziadka, jak i kobiety, spełniającej akurat obowiązki życiowe.

> *...spycha na nią wszystko, od hydraulika poczynając, a na Urzędzie Podatkowym kończąc. Na własne oczy widziałam nawet, jak kobieta obrządzała konia wierzchowego i nie zawodowo, a prywatnie.*
> *Stały wielbiciel obok obrządzał siebie.*

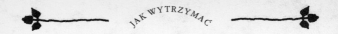
*Jeśli nie każą jej myć samochodu, to tylko
w obawie, że źle umyje i zrobi mu coś złego.*

Ależ nie mówimy w tej chwili o wybuchach płomiennej miłości! O tej pierwszej fazie uczuć, kiedy najdroższa stópka nie ma prawa pogrążyć się w kałuży, nawet jeśli odziana jest w gumiak, kiedy z najdroższej rączki wyrywa się wieczorową torebkę wagi piętnaście deko, nie w celach rabunkowych, tylko dla zdjęcia z ukochanej ciężaru, kiedy co poniektórzy posuwają się nawet do serwowania własną ręką herbatki we dwoje. Mówimy o fazie ostatniej, która potrafi przetrwać chociażby i pół wieku.

Gdzie sens, gdzie logika?

Równouprawniona kobieta, wychodząc z domu, musi mieć przy sobie pieniądze. Czy tam kartę kredytową, wszystko jedno.

Sama chciała. Niegdyś w miejscu publicznym płacił za nią mężczyzna i spaliłby się ze wstydu, gdyby mu zabrakło. W strasznych czasach dzisiejszych nie wiadomo, czy ona nie

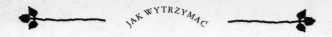

będzie musiała zapłacić za niego. Co gorsza, on się tym wcale nie przejmie.

Jedyne osoby, którym ocalał jakiś cień rozumu, to damy, profesjonalnie niewłaściwej konduity. One jedne traktują mężczyzn jak należy, a z nich żadnemu nawet nie zaświta, żeby wymigać się od kosztów. Istnieje w tym głęboki sens, który powinno się dokładnie i naukowo rozważyć.

Pozbawieni równouprawnieniem swojej naturalnej wyższości mężczyźni, z początku oburzeni, rozgoryczeni, zdezorientowani i w rezultacie bezradni, rychło dostrzegli ogromne korzyści własne. Wydatki mniejsze. Inwencji z siebie pazurami wygrzebywać już tak bardzo nie trzeba, bo kobiety część obowiązków przejęły. Można delikatnie dać folgę lenistwu. Ach, jakiż piękny robi się świat!

Z właściwą sobie tępotą jednakże nie zauważyli, że zarazem przyschły im cechy męskie. No owszem, zostały jeszcze przy myszach.

W obliczu myszy najwyraźniej objawia się różnica płci i nic na świecie myszom nie dorówna. Z tajemniczych powodów miłych zwierzątek boją się panicznie prawie wszystkie kobiety i żaden mężczyzna, i jest to zapewne

jakiś przepis biologiczny nie do zwalczenia. Męska przewaga, męska odwaga, męska dzielność, męska rycerskość, męska siła, męskie wszystko, przy myszach na jaw wychodzi, budząc w kobietach uczucia właściwe i przez odmienną płeć wysoce pożądane. Same myszy, nie jest to dużo, ale zawsze coś, i dziwić się tylko należy, że mężczyźni myszami nie operują obficiej. Tyle że chłopcy hodują białe myszki, co stanowi zapewne przejaw zdrowego instynktu.

Seks się do myszy nie umywa.
Do pięt im nie sięga.

Między nami po cichutku mówiąc, kobiety wcale się tych myszy tak gremialnie nie boją. W dużym stopniu, tak, ale nie wszystkie. Większość z nich jednak ma dość oleju w głowie, żeby dziki popłoch symulować dla osiągnięcia wytęsknionych, męskich reakcji. I proszę, mężczyźni w lęk kobiet przed myszami wierzą święcie i sami go rozreklamowali, co wyraźnie świadczy o ich głębokiej potrzebie walki ze smokiem w obronie uciśnionej dziewicy.

Zważywszy, iż niniejszy utwór pisany jest przez jednostkę płci żeńskiej, nie należy popadać w przesadę,

dopatrując się w nim pełnej logiki, konsekwencji i trzymania się tematu. Nie ma na świecie kobiety, dla której ścisłe trzymanie się tematu nie okazałoby się szkodliwe dla zdrowia. Konflikty wewnętrzne powodują nerwice.

Do seksu w ogóle jeszcze wrócimy. Na razie stoimy na ogłupieniu mężczyzn.

Od zarania dziejów z samego dna duszy wybiegały im pragnienia: być wielbieni i podziwiani. Kobiety przytomnie ów postulat spełniały, ale męskie półgłówki utrudniły im zadanie. Wykorzystując nieszczęsne równouprawnienie, zaprezentowali:

1. Bezradność życiową i finansową.

2. Mniejszą odporność na wszystko.

3. Lenistwo śmiertelne.

4. Lekkomyślność przerażającą.

5. Kompletną głupotę,
   przejawiającą się między innymi w głębokiej wierze,
   iż kobieta zdoła istnieć w trzech osobach,
   z których każda nadaje się do czego innego
   i co innego zrobi,
   dokładnie w tym samym czasie.

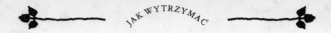
6. Egoizm i wygodnictwo bez granic.

7. Oraz różne cechy, przejęte od kobiet,
dla każdej kobiety wstrętne,
bo żadna nie ma najmniejszej ochoty
użerać się jeszcze i z własną płcią.

Niewierności, skłonności do łgarstwa i tchórzostwa natury cywilnej nie musieli prezentować ostatnio, bo te rzeczy kobietom znane były od wieków.

No i jak takich,
do licha,
podziwiać i wielbić?!

A może bruździ kwestia stroju...?

W tej dziedzinie
kobiety zgłupiały wprost
przeraźliwie.

Inna rzecz, że niektóre mody wymyślał wyjątkowo złośliwy antyfeminista. Może nawet zboczeniec. Nienawidząc kobiet śmiertelnie, podstępnie spróbował obrzydzić je wszystkim i nie da się ukryć, że mu się to w dużym stopniu udało.

Zaćmienie umysłowe jakieś sprawiło, iż kobiety ostro poszły mu na rękę i przystroiły się w:

1. Wory, niezłe na kartofle.

2. Coś w rodzaju
   dętek samochodowych,
   nadmuchanych.

3. Łachmany.
   (Co do łachmanów, być może, dopuszcza je
   tradycja. „Puchowy śniegu tren", panienka,
   występująca w pieśni przyodziana była
   w łachmany, spod których prześwitywało
   różowe ciałko, wysoce ponętne dla pana.
   Jak ono mogło być różowe w lutą zimę
   i trzaskający mróz, jest nie do pojęcia,
   właściwa byłaby raczej żółtawa siność,
   poezji zatem nie należało brać poważnie.)

4. Stępory, zastępujące obuwie.

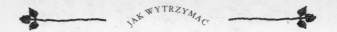
5. Męskie kurtki i swetry, skandalicznie pogrubiające.

6. Spodnie, nie dopasowane.

7. Kombinezony, zdarte z traktorzystów.

8. Ścierki, kuchenne i do podłogi.

9. I tym podobne utensylia, nie bacząc na efekt.

A tymczasem kto kiedy widział Marilyn Monroe, albo Ginę Lollobrygidę, dając już spokój pani de Pompadour, w obrzęchanych portkach do usuwania mierzwy spod krów? Jeśli zaś któraś pojawiła się w zbyt dużym swetrze, to tylko po to, żeby go natychmiast z siebie zdjąć.

Ten efekt odpada. Zważywszy ilość mężczyzn, pętających się wszędzie, gdyby kobiety na każde męskie spojrzenie miały zdzierać z siebie odstręczające sztuki garderoby, potworny ruch panowałby na ulicach, a w ogóle dowaliłoby to im jeszcze więcej roboty.

Kobiety podobno mają cechy kobiece, piękne biusty, piękne twarze, piękne nogi, piękne włosy. Biustów pod worami nie widać, (no owszem, ma to sens w wypadku lekko wybrakowanych), twarze nie tak dawno malowały sobie na zielono i czerwono, (moda na ten rodzaj makijażu na szczęście minęła, ale była i poddały się jej co głupsze.

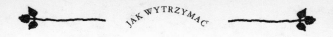
Może przy lustrach miały słabe światło?), nogi zaś utonęły im w buciorach do pół łydki, pomijając już spodnie. Zostały im jeszcze włosy, ale w tej dziedzinie mężczyźni weszli do konkurencji i włosy im nie dziwota.

Gorszące oszpecanie się strojem wynika z faktu, że w gruncie rzeczy kobiety ubierają się nie dla mężczyzn, tylko dla kobiet.

Na spotkanie w babskim gronie mogłyby spokojnie przyjść w fartuchu kuchennym, w papilotach, w starej spódnicy, w czymkolwiek, bo, zdawałoby się, żaden podbój w grę nie wchodzi. A otóż nic z tych rzeczy. Wywloką najmodniejsze, szał, ostatni krzyk prosto z Paryża, od tego zboczeńca-antyfeministy. Przyjaciółki zzielenieją, każda dostrzeże, każdą skręci. Nikłą pociechę może im sprawić jedynie fakt, że zołza w modnych szatach wygląda jak ostatnia pokraka. Nie szkodzi. Też by chciały.

Kobieta rozumna kicha na barwę przyjaciółek. Zmodyfikuje modę, rezygnując z ostatniego

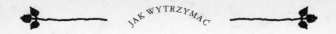

krzyku, byle urodę własną wyeksponować, nigdy bowiem nie wiadomo, czy w babskie grono nie wedrze się jakiś mężczyzna, jego zaś nie szmaty interesują, a raczej ich zawartość. Oceni ją właściwie. Wówczas przyjaciółki zsinieją, co stanowi znacznie większe osiągnięcie kolorystyczne, niż zwyczajna zieleń.

Rozmaite wiszące strzępy i bułowate portki służą do skutecznego ukrycia damskich wdzięków, mężczyźni zaś są to ślepe komendy i to tylko widzą, co im się wyraźnie pokaże. Nic nie zobaczą, jeśli już pierwsze spojrzenie napełni ich przestraszonym wstrętem.

Tym bardziej zadziwia fakt, iż sami poszli podobną drogą. Zaczęli naśladować kobiety, być może w nadziei, że prędzej czy później przekształcą się w słabą płeć i nic już nie będą musieli, bo głupie baby wszystkiego im dostarczą. Golić się przestali z lenistwa i stąd Machabeusze, Wernyhory, dziady odpustowe i eremici, makaki wschodnie i pawiany malajskie, oraz zwyczajni jaskiniowcy na każdym kroku. Znów brak logiki. Chcą być młodzi do końca życia, a brodami postarzają się straszliwie. Widocznie lenistwo przebiło szlachetne chęci.

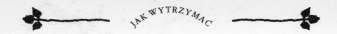

Lub też niektóre kobiety o szczególnych gustach, względnie w podstępnych celach, wmówiły w nich, że z brodą są piękniejsi.

No i włosy, te sploty po pas... „Nie będę sobie warkocz trefiła, tylko włos zwiążę splątany". Filon te słowa śpiewa obecnie, nie zaś Laura, co jest zdecydowanie naganne, ponieważ psuje rytm i nieboszczyk Franciszek Karpiński przewraca się w grobie. Zapomnieli dewizy przodków: długie włosy, krótki rozum.

A może wreszcie bezwiednie
ujawnili prawdę...?

O stroju nawet wspominać nie warto. Spaliłby się niegdyś ze wstydu na śmierć szesnastoletni młodzieniec, którego przymuszono by do wdziania rozkloszowanych spodenek w kwiaty, do kolan, albo do pół łydki. Poważny człowiek w sile wieku raczej by zażył truciznę, niż odział się w pstrokatą koszulo-sukieneczkę, bodaj i na urlopie

w dzikiej puszczy, nie mówiąc o miejscu publicznym. I obaj mieliby rację, bo w wyżej wymienionych rodzajach garderoby każdy mężczyzna od półtora do stu lat wygląda jak, powiedzmy sobie szczerze, półgłówek.

Umknęły ich uwadze wielkie prawdy i ze wszechmiar słuszne spostrzeżenia. Za mundurem panny sznurem. Zapomnieli. Może i mają umysł, ale jakiś wypaczony.

Umyka ich uwadze błysk w oku kobiety, która ujrzy ich znienacka już nawet nie we fraku, czy w smokingu, ale w normalnym, eleganckim typowo męskim stroju, jak na przykład:

- w zbroi, a chociażby
lśniącym pancerzu

- w gustownej przyłbicy,
oraz szyszaku
z pióropuszem

- w czarnej pelerynie
i takimże kapeluszu
z dużym rondem,
spoza którego błyska
trzymany w zębach sztylet

- w przewieszonej przez pierś lwiej skórze...

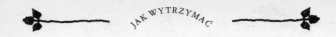

no nie, bez przesady,
lwy są pod ochroną.

Ale, powiedzmy ogólnie, w czymś co nie wisi. Coś, co wisi, czyni na kobietach złe wrażenie. Znacznie właściwsze jest to, co trzyma się męskiego kadłuba w sposób dopasowany.

No, ostatecznie, wieczorowy garniturek może być, reprezentacyjny strój sportowy, byle nie pumpy, pumpy eksponują pęcinę, a nie mężczyzna powinien mieć pęcinę jak rasowa klacz, tylko kobieta, no i ten mundur, ten mundur... Nawet glina w mundurze, to coś znacznie bardziej interesującego, niż glina po cywilnemu... Zgnębiona tym cholernym równouprawnieniem kobieta spragniona jest bez granic prawdziwego mężczyzny, który, z natury rzeczy, powinien się od niej różnić wszechstronnie. Niech jej się tylko taki pokaże i niech popatrzy, jak ona na niego patrzy...

Niechby też ona popatrzyła,
jak on na nią patrzy...

Co prawda, kwestia osobliwego stroju dotyczy głównie młodzieży, ale wiąże się ściśle z kwestią uczuć wzajemnych, względnie odwrotnie: nieodwzajemnionych, w tej zaś dziedzinie osoby NIE młode NIE istnieją.

Kadłub przywiędły, ale dusza młoda. A serce jeszcze młodsze. Oto zjawisko nader często spotykane.

Liczne młode jednostki płci żeńskiej, które w męskich rzęchach i kudłach dwustronnych - tu warkocz, a tu broda - dostrzegają mnogość nieodpartych uroków, same na ogół wyglądają podobnie, budząc zachwyty wzajemne. Co wcale nie przeszkadza, że obie strony na widok postaci, bardziej przypominającej normalnego człowieka, doznają nagłej odmiany gustów.

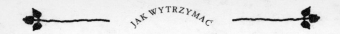

W celu uniknięcia nieporozumień wyjaśniam rzecz oczywistą, a kto wie, może nie dla każdego? Jeśli osobnik pojawi się w dzień upalny na morskiej plaży we fraku i lakierkach bez racjonalnego uzasadnienia, wzbudzi nie tyle zachwyt, ile raczej liczne obawy, ponieważ wariatów boją się wszyscy na całym świecie. Plemiona, które ich czczą i szanują, czynią to głównie, a może nawet wyłącznie, ze strachu.

De gustibus non est disputandum. Nie mniej jednak koń powinien wyglądać jak koń, pies jak pies, ogromnie kudłata krowa budziłaby co najmniej zdziwienie, owca to owca, a lew bez grzywy byłby nie lwem, tylko lwicą. Kobieta powinna wyglądać jak kobieta, a mężczyzna jak mężczyzna, bo inaczej robi się coś takiego, co jest właśnie naszym udziałem.

Zgłupiawszy,
mężczyźni zapomnieli
o swoim podstawowym obowiązku.

Niegdyś, w dawnych, a nawet bardzo niedawnych czasach, każdy miał ambicję uchodzić za ogiera, jeśli nie publicznie, to chociaż w głębi własnej duszy. Kobietę gryzła myśl, że już nikt jej nie chce, mężczyznę gnębiła obawa, że już nie może. Kompleksy różne z tego wynikały i rozmaite inne szkodliwe przypadłości.

Siła męskich pragnień, oraz chęć udokumentowania (no, nie na piśmie) możliwości były tak potężne, że wynikło z tego wydarzenie, podobno autentyczne. Za autentyzm głowy nie dam, nie było mnie przy tym. Opowiadano mi.

Pewien pan, młodości już nie pierwszej, a być może nawet i nie drugiej, słynął przez całe życie, jako nader aktywny wielbiciel płci przeciwnej, gach najwyższej klasy, ogier, buhaj i co kto jeszcze chce. Z przerażeniem i rozpaczą jął dostrzegać w sobie pewien zanik dotychczasowych możliwości. Rzecz jasna, nikomu się z tego nie zwierzał, symulując nadal siły nadludzkie, co przychodziło mu z coraz większym trudem.

W tajemnicy wielkiej udał się do właściwego fachowca (a muszę przyznać, że pojęcia nie mam, jaka profesja była tu przydatna, może protetyk dentystyczny...?) i kazał sporządzić sobie pas z przymocowanymi doń tymi elementami

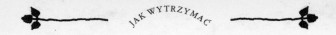

męskiej siły, które w naturze odmawiały mu posłuszeństwa. Owym pasem, wraz z elementami, posługiwał się z nadzwyczajną zręcznością, wciąż budząc podziw i zachwyt, tyle że swoją działalność nieco ograniczył.

Traf zdarzył, iż poznał panią wielkiej seksownej urody. Pani wzbudziła w nim potężne zapały i szarpnęła ambicją, postanowił zatem ją uwieść, bo w owych czasach jeszcze mężczyźni uwodzili kobiety, które witały to z dużym zadowoleniem, mogły bowiem prezentować opory. Nic piękniejszego, niż stawiać opór, który zostanie zwalczony i przełamany. Była to największa przyjemność kobiet, odebrana im równouprawnieniem, do czego jeszcze wrócimy.

Omawiany pan, wciąż wysoce interesujący, osiągnął swoje i przystąpił do dzieła metodą ostatnio stosowaną, z powodzeniem i rosnącą zręcznością.

Pani okazała się jednakże tak piękna i tak wszechstronnie atrakcyjna, że w pana wstąpiły nagle dawne, nadludzkie siły. Znienacka wyraźnie poczuł w sobie ogiera, buhaja i tryka, razem wymieszanych, jednym zdecydowanym gestem przekręcił pas na sobie przodem ku tyłowi i podjął wykonywanie ulubionych zajęć osobiście, bez żadnych pomocy technicznych, a za to z doskonałym rezultatem.

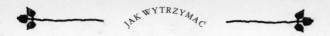
I wszystko byłoby dobrze, gdyby nie to, że błądzące po panu dłonie pani natrafiły przypadkiem na zlekceważone oprzyrządowanie. Na moment zamarła. Wszystko co trzeba po niewłaściwej stronie figury, to było stanowczo za wiele. Podobno w umyśle pani błysnęła straszna myśl o ogonie, doznała szoku, dama, na myśl, i trzeba było wezwać do niej pogotowie.

Nikt tu nie zamierza twierdzić, jakoby wrażenia pani były pożądane i przez większość dam upragnione. Jest to po prostu przykład właściwej postawy męskiej.

To każdy powinien czynić,
do czego został stworzony.
Mężczyźni zostali stworzeni dla kobiet.

Bezdyskusyjnym ich obowiązkiem jest zaspokajanie:

- życzeń
- wymagań
- potrzeb

    a. duchowych

    b. materialnych

    c. wyimaginowanych

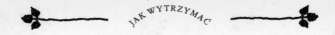

- fanaberii
- kaprysów
- tęsknot
- ambicji
- oraz uczuć wszelakich płci im przeciwnej.

Zważywszy ich niższość umysłową, można zrozumieć, że oni niewiele z tego rozumieją. Trudno, dopust boży. Powinni bowiem:

1. Zdobywać kobiety.
   Chęć zdobywania czegokolwiek leży
   w męskiej naturze. Wrodzone lenistwo stanowi
   czynnik hamujący, o tyle cenny, że przynajmniej
   wyjaśnia sytuację. Mężczyzna zdobywa się
   na zdobywanie tylko wtedy, kiedy mu na czymś
   rzeczywiście cholernie zależy,
   zdobywana kobieta zatem ma pewność,
   że jest rzetelnie upragniona i pożądana, co zawsze
   sprawia jej przyjemność.

2. Dbać o kobiety, szczególnie zdobyte.

Podstawowym błędem mężczyzn jest lekceważenie zdobytej zdobyczy. Zdobycz przestaje się czuć upragniona i cenna, a zaczyna się czuć ciężko urażona, po czym w szybkim tempie przestaje być zdobyczą. Względnie, pozostając zdobyczą, zatruwa zdobywcy życie tak, że ów

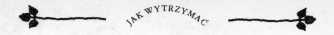
w żywe kamienie przeklina chwilę, kiedy myśl
o zdobywaniu pierwszy raz w nim zakwitła.

3. Na każdym kroku wykazywać się inicjatywą,
inwencją i przedsiębiorczością.
   Niewątpliwie mężczyzna winien zaprosić kobietę,
szczególnie swoją, na:

- śniadanie u Tiffany'ego
- bal w Savoyu
- dansing w knajpie
- spływ kajakowy
- weekend w Biarritz
- urlop w rodzimym plenerze
- wieczór w kinie, operze, teatrze,
cyrku, lunaparku
i w ogóle gdzie popadnie
- zimową *(może być letnią)* herbatkę we dwoje
- ogólnie biorąc, wszędzie.

W tym celu musi wykrzesać z siebie dużą ilość
inwencji, bo nie wszystko jest łatwo zorganizować
(szczególnie to śniadanie u Tiffany'ego). Ponadto wydrzeć
z siebie dużą ilość pieniędzy, pieniądze bowiem ogromnie
ułatwiają zarówno życie, jak i trudne dzieła. W tym miejscu
przydatna okaże się przedsiębiorczość, ponieważ
uzyskiwanie pieniędzy prezentuje ogromną rozmaitość
sposobów i wymaga sił, to umysłowych, to fizycznych.

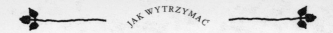
(Chociażby taki prosty zabieg, jak zatrzymywanie na drogach autobusów komunikacji państwowej i rabowanie podróżnych. Historia wykazuje, iż dawało to doskonałe rezultaty, acz w odniesieniu do dyliżansów. Dyliżansów już nie ma, nie wymagajmy za wiele i poprzestańmy na autobusach.)

4. Ograniczać głupkowate wymagania własne, jak na przykład:

a. Codzienne posiłki
 (nie mieszkają w restauracji).

b. Czyste sztuki garderoby, gotowe do użytku, leżące w szafie, lub komodzie
 (nie mieszkają w pralni).

c. Święty spokój i cisza, uważane przez nich za niezbędne dla lektury prasy
 (nie mieszkają w czytelni).

d. Chęć przybierania pozycji horyzontalnej poza godzinami snu,

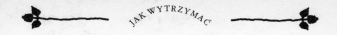
samotnie i w ogóle bez powodu
(nie mieszkają w sanatorium).

e. Oraz wszelkie inne
(nie mieszkają w zamku na etacie króla).

W tych wszystkich obowiązkach mężczyźni nawalają skandalicznie. Można by im, ostatecznie, wybaczyć niedociągnięcia w punktach 2, 3 i 4, gdyby spełniali bodaj postulat pierwszy. Tymczasem równouprawnienie pomieszało im w głowach i zagubili się kompletnie.

Inna rzecz, że kobiety same, z własnej inicjatywy i na własną zgubę, utrudniają im zadanie, ile tylko się da.

Kto czytywał utwory historyczne, pisane w czasach średnio zamierzchłych, ten wie doskonale, ile ciężkiej goryczy i nie wylanych łez nagromadziło się w sercach kobiecych na bazie panującego przez całe wieki obyczaju.

Ona, nieszczęsna, nic, a on wszystko. Ona wabi i kusi, ale on, ten podlec, wybiera. Zazwyczaj głupio wybiera. Jeśli do tego, nie daj Boże, jest z natury nieśmiały, powiesić się tylko. Jeśli nachalny i brutalny, może być jeszcze gorzej. Jeśli głupi, aluzje do niego nie dotrą, jeśli rozumny, nie da się narwać. Czysta rozpacz!

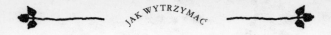

Jakaś litosierna dusza, pojmując zapewne cierpienie kobiet, wymyśliła białe walce i tanga, panie proszą panów i doceniając jedyną okazję, panie z ogniem w źrenicach, pazernie rzucały się na upatrzonych panów, osiągając niekiedy coś niecoś.

Być może, zasadniczym a nie ujawnionym celem równouprawnienia była zmiana tegoż właśnie, idiotycznego obyczaju...?

No i wypuszczone z niewoli kobiety
przegięły pałę i poszły za daleko.

Wszyscy widzą, co się dzieje. Kobiety szarżują na mężczyzn, podrywają, wloką ich do łóżka, niczym rozszalałe harpie z rozcapierzonymi pazurami przegryzają im gardła...

Pardon, nie to chciałam powiedzieć.
Na ogół nie przegryzają im niczego.

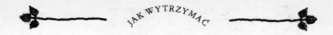
Ale jednak zrobiły się agresywne. Atakują. Pchają się, niecierpliwie i nachalnie. Rwą się do nich, niczym tygrysice do żeru i nic dziwnego, że mężczyźni zaczęli się bać...

A otóż jest to skandal niedopuszczalny, zjawisko bowiem kłóci się z przyrodą. Walka z przyrodą, jak już zostało powiedziane, jeszcze nikomu na dobre nie wyszła.

Nie gołębica lata za gołąbkiem (uprzejmie proszę nie mylić z potrawą z kapusty), tylko gołąbek za gołębicą. Nie suka za psem, tylko pies za suką.

Nie kotka za kocurem, tylko kocur za kotką...
(Szła sobie jedna kotka przez podwórze, nie patrząc ani w lewo, ani w prawo, tylko prosto przed siebie w siną dal, gnąc się wdzięcznie w kibici, z ogonem dumnie i kusząco zadartym, wycelowanym wprost w niebo, dostatecznie wolno, żeby ją można było dobrze obejrzeć. Kocur siedział na dachu i patrzył. Ona starannie udawała, że go nie widzi i nic o nim nie wie, znikła

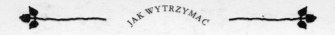
za węgłem budynku, on zaś dopieroż wystartował...!)

...Nie sarenka za jeleniem (nie mylić z wyrolowanym przygłupkiem!), tylko jeleń za sarenką...

Wszyscy bardzo dobrze wiemy, że do sarenki przynależny jest kozioł, jeleń zaś lata za łanią, ale nie będziemy tu wprowadzać skomplikowanej nomenklatury zoologicznej, żeby nie mącić obrazu. Kozioł, dla większości społeczeństwa, to takie coś z brodą i pojedyńczymi, sterczącymi rogami. Patrz: Koziołek Matołek. Damy też spokój łosiowi i klempie, po wszystkich biegają bowiem skojarzenia z klempą, całkowicie odmiennej natury.

...Nie kura za kogutem, tylko kogut za kurą, nie krowa za buhajem, tylko buhaj za krową, nie klacz za ogierem, tylko ogier za klaczą i tak dalej i dalej. Co do postępowania mątw i ameb, nie mam osobistego poglądu, ale proszę mi pokazać jednostkę ludzką, która pragnęłaby upodobnić się do mątwy, lub ameby.

Ogólnie płeć męska lata za płcią żeńską i pcha się ku niej, nie zaś odwrotnie. Także zachęca ją i uwodzi różnymi sposobami.

Najjaskrawszym przykładem właściwego podejścia do sprawy jest w przyrodzie paw. Rozkłada ogon nie tylko z wściekłości, ale także w celu oczarowania pawicy. Ile się

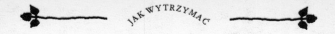

chłopak namęczy dla poderwania dziewczyny, ludzkie pojęcie przechodzi, samym kuprem rozcapierzyć dwa metry ogona, to nie w kij dmuchał, a jednak proszę, jak się stara! Oto czyn godzien pochwały i naśladowania!

Człowiek próbuje odwrócić porządek rzeczy i już widać, że wychodzi na tym jak Zabłocki na mydle.

Kobiety rzucają się na mężczyzn. Swemi czasy rzucały się na nich Amazonki i co im z tego przyszło? Gdzie są teraz? A nawet wtedy, kiedy istniały i prosperowały, kto je kochał i kto się z nimi cackał?

Rzucanie się na mężczyzn współcześnie nie napotka wprawdzie odwetu w postaci zamachu mieczem, lub też ostrego grotu w klatce piersiowej, może z tego względu, że rzadko który mężczyzna nosi przy sobie miecz, oraz łuk i strzały, ale przyczynia licznych szkód odmiennego rodzaju.

*Z nich trzy zasadnicze podnoszą włosy
na głowie. Po pierwsze:*

*Odebrana została nieszczęsnym
mężczyznom możliwość zdobywania.*

Wrodzona im chęć, w nastarszych genach zakodowana, nie znajduje dla siebie racji bytu. Co usiłuje rozwinąć skrzydła, to tłucze łbem w przeszkody nie do pokonania, naparza się na tę męską walkę, pęcznieje zapałem, a tu chała. Upragniony łup, miast umykać, sam leci i pcha się w ramiona zdobywcy, którego to w końcu zaczyna zniechęcać i rozleniwiać beznadziejnie. Kładzie się na miękkiej trawce i leży, można powiedzieć, z rozdziawioną gębą, czekając, żeby mu do niej te gołąbki same wpadły.

No i gołąbki wpadają, omal go nie dławiąc.

Nadmiar dusi i przytłacza nie tylko mężczyznę, ale w ogóle człowieka. Mężczyźni zaczynają mieć tego trochę

dosyć, skomasowany damski atak budzi w nich uczucia szczytowo niepożądane, a to:

- odruchowy opór,
- lekki przestrach,
- śmiertelną panikę,
- niechęć do atakującego wroga,
- rosnącego ducha przekory,
- niesłuszne i fałszywe
poczucie własnej wartości,
- różne głupie grymasy,

- głębokie przekonanie, że im się wszystko należy,

po czym w głębi jestestwa
lęgnie się im primadonna,
lub też dziewiętnastowieczna kurtyzana,
kopiąca po oczach swojego protektora.

Włos na głowie dęba staje.

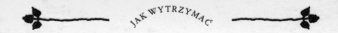

Ponadto popadają w kompleksy, frustracje i depresje. Jedyna dziedzina, w której wszyscy mieli równe prawa (acz nierówne możliwości, ale to już trudno, zez, odstające uszy, wzrost nikczemny i garb jest to zwyczajny dopust boży, na który nie ma rady. Chociaż sama znałam dwóch garbatych, nader interesujących i atrakcyjnych. Kwestia gustu łagodzi sprawę i rozpowszechnia uraniłowkę), wszystkie chwyty były dozwolone i każdy miał szansę na sukces. Czort bierze karierę zawodową, miejsce pracy, dyrektora, a nawet ministra; stosunki damsko-męskie i triumfy na polu całkowicie prywatnym pozwalały dzierżyć w dłoni palmę zwycięstwa i czuć na skroniach laurowy wieniec. Co to za palma i co to za wieniec, jeśli potencjalny zdobywca czuje się opadnięty i zwyciężony przez wulkaniczną megierę...?

Leniwi to oni są na pewno i cenią sobie święty spokój. Może dlatego, złapani w sidła i trzymani przemocą, udają wielką miłość? Samo im wpadło w ręce, niech już będzie, co się mają szarpać w protestach...

Z tego się bierze po drugie:

Kolejna wielka prawda
zawarta jest w słowach:
lekko przyszło, lekko poszło.

Bez komentarzy.

No i po trzecie:

Same siebie kobiety pozbawiły największej przyjemności, a mianowicie stawiania oporu, z niebiańską pewnością, iż opór zostanie przełamany.

O półgłówku, który nie rozumie w czym rzecz i oporu nawet nie próbuje przełamać, prezentując subtelność motylka i maniery nietoperza (nie idzie tu o wkręcanie się we włosy, tylko przeciwnie. Nietoperz, radarem wiedziony ominie każdą przeszkodę, nie usiłując jej forsować), nie warto nawet wspominać. Dla takiego nadają się akurat współczesne czasy i obyczaje i dobrze mu tak.

Opór, przeznaczony do przełamywania, ma liczne i różnorodne oblicza, zależnie od mnóstwa czynników.

1. Fazy znajomości.

2. Okoliczności towarzyszących.

3. Charakteru upatrzonego zdobywcy.

4. Planów na przyszłość.

5. Chęci własnych.

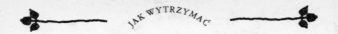
6. Różnych innych, nie do przewidzenia.

Pierwsza faza znajomości zbiegła się, niczym gacie po praniu i straciła cały urok. Ogranicza się obecnie do dwóch zdań na krzyż i dobrze jeszcze, jeśli jakieś zdania w ogóle padają. Po czym natychmiast osoby zainteresowane przystępują do kontaktów intymnych, które nie wymagają nawet znajomości języka strony przeciwnej. Wszystkie zabiegi wstępne, rozmaite podchody indiańskie, podstępy uwodzicielskie, to rozkładanie ogona i koci pląs kibicią, diabli wzięli. Najwdzięczniejsza część stosunków wzajemnych dwóch odmiennych płci znikła i przepadła jak sen jaki złoty. Młodzież współczesna sama nie wie, ile traci, a osoby nieco bardziej zaawansowane wiekiem mogą tylko żałować, ciężko wzdychając.

W tej to prawie zaginionej fazie opór bywał delikatny, niewyraźny i wysoce dyplomatyczny. Można było i nawet należało:

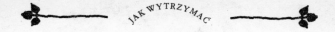
- udawać, że się patrzy gdzie indziej
i wymarzonego partnera wcale się nie widzi,
wypisz wymaluj, jak ta kotka na podwórzu.
- symulować wielkie wahanie w razie
wyraźnego zaproszenia na cokolwiek.

- zupełnym przypadkiem pojawiać się tam,
gdzie upatrzony zdobywca koniecznie musi bywać.

- kłaść mu rączkę na rękawie
przez zwyczajne roztargnienie.

- wężowym ruchem wycofywać się z miejsc,
które dawałyby mu zbyt wielkie szanse.

- wysuwać się z chciwych ramion
z właściwym opóźnieniem.

- znikać z pola widzenia tak, żeby on wiedział,
gdzie szukać i z rozkosznym drżeniem serca czekać
na odnalezienie.

- stwarzać nastrój koleżeński tylko po to,
żeby w odpowiedniej i starannie wybranej chwili
zmienić go na całkiem NIE koleżeński.
- i tak dalej.

Wszystkich możliwości wyliczyć nie sposób,

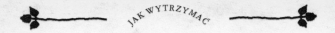

ograniczymy się zatem do powyższych skromnych przykładów. Poza tym, co innego miasto, a co innego plener. Każda kobieta, nawet najgłupsza, wszędzie znajdzie dla siebie pole do działania, bo kobiety są podstępne i zdradzieckie...

Ostatnich słów należy nie brać pod uwagę i czym prędzej o nich zapomnieć.

W fazach następnych, które ocalały w znacznie większym stopniu, niż faza pierwsza, stawiamy opór bezpośredni i to dopiero stanowi szczęście bez granic. Rzecz oczywista, pod ręką mamy podstawowy element pomocniczy, a mianowicie łóżko, w postaci:

- prawdziwego łóżka,
- kanapki dowolnego rodzaju,

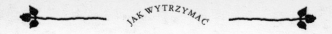
- mchu, przetykanego szyszkami
w podszyciu leśnym
(na szyszki należy zwracać baczną uwagę,
potrafią bowiem zatruć najpłomienniejsze chwile),
- siana w cudzej stodole,
- dachu wagonu kolejowego
(znam taki wypadek, ale było to w czasie wojny),
- niedźwiedziej skóry przed kominkiem,
- czegokolwiek poziomego i w miarę możności
płaskiego.
Ostatecznie może być lekko nachylone.

Przed zawleczeniem do tego łóżka udajemy, że się
wzdragamy od:

z całej siły
do:
odrobinę i delikatnie,

zależnie od charakteru przeciwnika.

Kto nie widzi w tym sensu,
niech spróbuje.
Od razu zobaczy.

Opór do przełamywania przez całe istnienie ludzkości
stanowił najpiękniejszą przyjemność kobiety i wyrzeczenie
się go jest idiotyzmem niebotycznym.

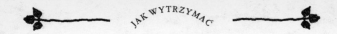
Przełamywanie oporu zaś stanowiło najwspanialszą przyjemność mężczyzny i odebranie mu jej jest idiotyzmem jeszcze większym.

A tymczasem popatrzmy, co się dzieje. To oni zaczynają się wzdragać i opierać, wleczeni ku poziomej płaszczyźnie, niczym ofiary na rzeź. Hej, łza się w oku kręci...

A...! Przy okazji zaczynamy wreszcie coś rozumieć. Nasz przodek niegdyś włókł babę za włosy. Jasne się staje, po co oni hodują te bujne sploty, nawet, jeśli ich centrum stanowi lśniąca łysina...

Dalsze fazy, kiedy już go mamy, też nie pozwalają spocząć na laurach, ale to już inna para kaloszy i rozmaicie bywa.

Okoliczności towarzyszące
są niezmiernie ważne.

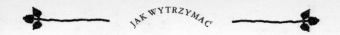

Inaczej sprawa przebiega, na przykład, w czasie działań wojennych, a inaczej w okresach pokoju wszechświatowego. Inaczej w miejscach odludnych, a inaczej w tłumie. Inaczej w podróży, a inaczej we własnym domu. Inaczej w miejscu pracy (szczególnie, jeśli zagięłyśmy parol na głównego zwierzchnika), a inaczej w miejscu rozrywki. Inaczej u przyjaciół na przyjęciu imieninowym, a inaczej na plaży, nad morską tonią. Inaczej, kiedy człowiek się śpieszy, a inaczej, kiedy ma mnóstwo czasu. I tak dalej.

Nie mniej ważny jest charakter zdobywcy. Najlepsi dla naszych celów są ci energiczni, stanowczy, naparzeni, zakochani śmiertelnie i pewni siebie. Z takimi można sobie pozwalać na wszystko i upojna rozkosz w sercu kwitnie bez przeszkód. Najgorsi nieśmiali, subtelni, niepewni i dobrze wychowani, bo tu opór należy dozować z bezbłędnym wyczuciem, co, rzecz jasna, wymaga licznych wysiłków.

Nieśmiałemu, subtelnemu, niepewnemu i dobrze wychowanemu należy:

- stawać na drodze ustawicznie
i podtykać mu się pod nos.
- z ramion wysuwać się, nie tracąc kontaktu
bezpośredniego, tak, żeby w tych ramionach pozostać.

- w chwili znikania chwytać jego spojrzenie,
pamiętając o zachęcającym uśmiechu.
- nie mrugać okiem, bo to go spłoszy.
- chroń Bóg, nie stwarzać
koleżeńskiego nastroju.
- ściśle wyliczyć czas wahania
w razie zaproszenia na cokolwiek.
- stawiając opór czynny,
starannie pilnować chwili,
kiedy ręce mu opadają z grzeczności.
Poniechać oporu
na pół sekundy wcześniej,
zanim on ochłonie w zapałach.

Ogromnie męczące.

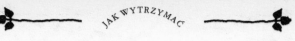

Co do planów na przyszłość,
wszystko zależy od tego,
co z nim chcemy zrobić.

1. Dopaść go, jako chwilową podrywkę.

2. Zakontraktować w charakterze długofalowego partnera.

3. Przy jego pomocy zemścić się na kimś innym.

4. Zrobić na złość przyjaciółce.

5. Wyjść za niego za mąż.

6. Wymóc na nim usługi w postaci:

- naprawy zamka u drzwi
- instalacji nowej termy w łazience
- przeniesienia bardzo ciężkich przedmiotów
- towarzystwa na balu karnawałowym
- odnowienia całego mieszkania
- przetłumaczenia ważnych dla nas
dokumentów w języku japońskim
 - pożyczenia pieniędzy
- i tym podobnych.

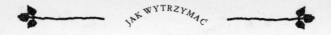
7. Spędzić z nim urlop na Capri.

Zaproszenie na Capri
należy przyjąć od razu,
bez żadnego wahania.
Nawet w najlepiej symulowane wahanie
nikt nie uwierzy.

Chęci własne bywają niepomiernie rozmaite i tu główną trudność stanowi ich ukrycie. Ujawniać ich nie należy w żadnym wypadku, bez względu na to, czy pragniemy spędzić z nim kilka miłych chwil na tej skórze niedźwiedziej, czy też przeciwnie, zamierzamy uczynić z niego ojca naszych dzieci. Jedyna chęć do ujawnienia jest domeną profesjonalistek lekkiej konduity i ogranicza się do pożądania pieniędzy, czego żadna z nich nie ukrywa i co nas osobiście nie dotyczy.

O różnych innych mówić nie będziemy, ponieważ nie potrafimy ich przewidzieć i sprecyzować.

W każdym razie jedno jest pewne:

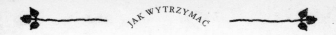
Nie pchać się do niego z tym seksem, używając przemocy fizycznej. Przemoc fizyczna to ich domena, nie nasza. Raczej należy go zachęcić i niech on się pcha.

Wymyślne sztuki możemy stosować, dlaczego nie? Kwestia gustu.

W jednym tylko wypadku należy zachować się inaczej, mniej więcej tak, jak zachowują się kobiety wtedy, kiedy nie potrzeba. Mianowicie w razie wizyty włamywacza, który postanowił nas nie tylko obrabować dla korzyści, ale także zgwałcić dla rozrywki.

Tu owszem, wskazana jest agresywność bez opamiętania. Rzucić się na niego w miłosnym szale nie tylko można, ale nawet trzeba, w dodatku przed rabunkiem. Spętany chciwymi ramionami włamywacz w dużym stopniu traci swobodę działania. Żeby nie nasuwać mu głupowatych podejrzeń i wątpliwości, możemy wydawać jednoznaczne okrzyki, obrazujące nasz zachwyt i gwałtowne pożądanie. Niech wie, czego chcemy, bez żadnych wątpliwości. Istnieje duża szansa, że włamywacz, jakby nie było mężczyzna, ucieknie, rezygnując z pierwotnych zamiarów.

Jeśli już posiadamy mężczyznę i nie zamierzamy go utracić, musimy pogodzić się z faktem, iż nasze barki będzie przygniatał ciężar potężny.

Mężczyzna jest to:

1. Buhaj na swobodzie.

2. Odyniec samotnik.

3. Przodownik stada.

4. Motylek.

5. Truteń.

6. Wędkarz.

7. Kozioł w kapuście.

8. Skunks.

9. Bóstwo na ołtarzu.

10. Pomnik na cokole.

11. Idiota.

12. Mędrzec, w odniesieniu do kobiet kompletnie głupi, bo jedno drugiemu nie przeszkadza.

13. Rycerz.

14. Trasa do piekła (ze względu na dobre chęci).

15. Ofiara losu.

16. Bufon.

17. Gbur bez wychowania.

18. Egocentryk.

19. Hipochondryk.

20. Skąpiradło.

21. Król życia.

22. Sadysta.

23. Turysta.

24. Patologiczny łgarz.

25. Pedant.

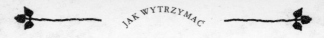

26. Dżentelmen.

27. Francuski piesek.

28. Niezbędny składnik życia.

29. Prawdziwa podpora *(rzadko)*.

30. I wszystko inne, z wyjątkiem tego, co trzeba.

Postępować z nim należy rozmaicie, zależnie od punktu, do którego pasuje. Jedna jest tylko cecha, wspólna wszystkim, mianowicie chcą jeść.

Kochają jeść.

Niekiedy kochają także kobietę, ale to już wyjątkowa łaska boska. Nigdy jednakże nie kochają jej bardziej, niż jeść.

Nie ma na świecie takiego mężczyzny, który nie poczułby ciepłego drgnięcia w sercu, gdyby kobieta, pozornie niezaangażowana uczuciowo i nie żywiąca wobec niego zadnych złych zamiarów, postawiła przed nim:
- bażanta,
pieczonego w cienkich płatkach boczku.
- pół litra bez barwy, za to ze smakiem i zapachem, oraz kiełbaskę i ogóreczki.

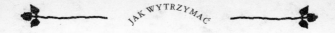

- gotowe śniadanko,
złożone z bułeczek, jajeczek, szyneczki, kawki,
serka i jabłek w cieście.
- pierogów własnej roboty
(pod warunkiem, że umie gotować).
- byle czego, ale na białym obrusiku,
talerzyczkach i w kryształowych kieliszkach,
z dodatkiem świec i kwiatów.
(Te ostatnie nie do jedzenia).
 - befsztyka z cebulką, idealnie wysmażonego.
- michy makaronu ze skwarkami i serem.
- tortu ponczowego z bitą śmietaną.
 - ogólnie biorąc, doskonałego żarcia,
podbudowanego doskonałym alkoholem,
i nie na gazecie.

Zeżre, a potem zacznie tęsknić. Jeszcze raz w życiu
takie koryto...! Piknie mu ta tęsknota raz, piknie drugi,
przyjdzie, spęczniały nadzieją, znów dostanie. No i koniec,
już mu nie odejdzie, już się wyrzec na zawsze nie zdoła.
I już go mamy.

*A ile kobiet naprawdę umie gotować,
ile ma na to czas, siły i chęci...?*

No i proszę. Znów się kłania równouprawnienie.
Gdzie ona ma gotować, w kasie bankowej, czy
w sekretariacie ministra?

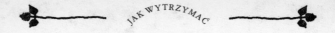

*Całkowicie abstrahując od tego,
co myślimy o ministrach.*

Ze smutną prawdą jednakże musimy się pogodzić.
Własne zwierzę należy karmić i jest to siła wyższa. Nie
karmione, zdycha, albo ucieka do dobrych ludzi.

Karmienie, jak już zostało powiedziane, ma jedną złą
stronę. Zwierzę od żarcia tyje, a nie zawsze jest to wskazane,
nawet w odniesieniu do nierogacizny. Karmiony mężczyzna
nie stanowi żadnego wyjątku, smukły Adonis rychło
przeistacza się w tłustego wieprza, co nie budzi niczyich
absolutnie zachwytów. Na to jednakże jest rada, po prostu
przestajemy go karmić i przechodzimy na odchudzanie,
wdawszy się uprzednio w konszachty z lekarzem, inaczej
bowiem stracimy mężczyznę.

Pomijając karmienie, wspólne wszystkim, postępo-
wanie ze współczesnym mężczyzną zawiera w sobie
nieograniczoną ilość wariantów.

Całkowicie zgubiły nam się te gęsie wątróbki, przy
których zostałam porzucona bez racjonalnych powodów.
A otóż nieprawda. Jeden powód istniał.

Przy moim boku trwał punkt 9, mianowicie bóstwo
na ołtarzu.

Stanowisko bóstwa na ołtarzu prawie każdy z nich przyjmie chętnie, najpierw postara się zachować, a potem już uzna za przynależne mu po wieki wieków, do końca życia i jeszcze trochę dłużej. Wypisz wymaluj, jak nasi eks-dostojnicy partyjni.

Bałwana na ołtarz z reguły wpycha kobieta i czasami przychodzi jej to samo, a czasami uchce się jak perszeron za pługiem, bo do wszystkiego ten bałwan się nadaje, tylko nie do ołtarza. Jednakże ona wepchnie.

Niektórzy włażą z własnej inicjatywy i potrzebna im zaledwie odrobina zachęty. Mój wlazł sam z siebie. Ja zaś miałam kwieciem ołtarzowe utensylia i listkami bobkowymi zdobiłam skroń bałwana. Do cielca nie był podobny, zwłaszcza złotego.

Takiego na ołtarzu należy wielbić w podziwie. Chodzić koło niego jak koło śmierdzącego jajka. Samej robić za kretynkę denną, bo w żadnym wypadku nie wolno bóstwu nawet do pięt sięgnąć. Obraża się i z surowym marsem na czole wdeptuje nas w szpary od podłogi, godnie, lub też w oprawie dzikiej awantury, zależnie od posiadanego temperamentu.

Szczytem nietaktu jest wykazać bóstwu pomyłkę, lub też jeszcze gorzej, delikatnie poinformować, że tak samo

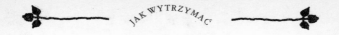

jest bóstwem, jak my arcybiskupem. Zbuntowanej kapłanki bóstwo nie toleruje, wywala z posady i angażuje sobie inną.

Ten właśnie błąd popełniłam, ponieważ straciłam cierpliwość na rogu rue de Drouot i Montmartre, jak łatwo zgadnąć, w Paryżu. Nie ma siły, jeśli zależy nam na takim, nie wolno tracić cierpliwości.

Straciłam, w pełni świadoma błędu, ostro skopałam bałwana z ołtarza, no i potem zmarnowałam wątróbki.

Urząd kapłanki nie jest, fizycznie, trudny do piastowania. No owszem, należy temperować dzieci, kiedy bóstwo podobno pracuje (czasem pracuje rzeczywiście), należy mamić czymkolwiek rodzinę i gości, żeby się do pracującego bóstwa nie pchały, należy chodzić na palcach i trzymać gębę zamkniętą, należy znać swoje bóstwo dostatecznie, żeby bez zadawania pytań wiedzieć, co cholernik woli, kawkę, czy herbatkę i czy już dojrzał do spożycia posiłku, należy sprawdzać pilnie, czy przypadkiem nie ma plamki na portkach z tyłu, chociaż plamkę sam zobaczy, kiedy przejrzy się w lustrze, a bóstwo w lustrze przegląda się maniacko, potwierdzając sobie własną doskonałość.

Nie są to obowiązki wyczerpujące fizycznie, natomiast psychicznie można od tego zwariować. Szczególnie wyraz podziwu i uwielbienia, tak w spojrzeniach, jak i na twarzy, nie zawsze udaje nam się zachować, mięśnie drętwieją

i nawalamy w spełnianiu podstawowego zadania. Co z tego wynika, widać na przykładzie wątróbek.

Bóstwo na ołtarzu o tyle jest niezłe, że nikt, poza nami, nie będzie go dostatecznie wielbić, z czego doskonale zdaje sobie sprawę. Łatwo jest zatem zachować sobie swoje bóstwo na własność, o ile nam na tym porządnie zależy. Musimy tylko pilnie baczyć, czy nie usiłuje nas przebić jakaś kłusowniczka, prezentująca uwielbienie większe i gatunkowo lepsze od naszego.

Znacznie trudniej przychodzi opanowanie punktu 1, mianowicie buhaja na swobodzie. Nie zna taki granic ni kordonów i każda krowa dla niego doskonała. Choćbyśmy na głowie stawały, nie unikniemy licznej i nader niepożądanej konkurencji. Pół biedy jeszcze, jeśli buhaj posiada odrobinę taktu i swoją działalność rozpłodową stara się przed nami ukryć, co nie najlepiej mu wychodzi, ale jednak. Wiemy przynajmniej, że mu na nas zależy i nie chce nas przesadnie do siebie zrażać, wobec czego pieczołowicie udajemy, że jesteśmy kompletnie ślepe, głuche i głupkowate.

Dobrze jest wyzuć buhaja nieco z sił męskich, zatrudniając go możliwie obficie przy boku własnym, ewentualnie obarczając obowiązkiem rąbania drzewa i noszenia węgla po schodach, ale co z tego, że dobrze,

skoro napotykamy przy tym kłody na drodze. Na osobisty udział w wyzuwaniu z sił kobiecie pracującej brakuje czasu, drzewa do rąbania nie mamy, a węgiel wydarło nam z rąk centralne ogrzewanie. Znaczy, z buhajem musimy się albo pogodzić, albo rozstać, trzeciego wyjścia nie ma.

Odyniec samotnik przysparza nam stresów.

Niby żyje z nami, ale właściwie wszystko lubi sam. Sam zje, bo to mu pozwoli czytać przy jedzeniu. Sam wyjedzie na urlop. Sam pójdzie dokądkolwiek nawet na spacer, nawet do kina, a chociażby do drugiego pokoju, żeby tam posiedzieć samotnie. Telewizję woli oglądać bez towarzystwa i gotów jest wyprodukować chałupniczo zegarek szwajcarski, żeby tylko mieć pretekst dla osamotnienia. Jeśli mu się przeszkadza, dziabie kłem.

My zaś, jak kto głupi, zastanawiamy się, kogo on mógł spotkać na tym spacerze, jaka baba siedziała obok niego w kinie, o czym ścierwo myśli w tym drugim pokoju i czy

przypadkiem to nie od nas go tak odrzuca, dzięki czemu żyjemy w nerwach. A otóż nie. Dopóki na nasz widok nie zamyka oczu i nie zaciska zębów, dopóty wszystko w porządku, żywi do nas uczucia pozytywne i tylko charakter ma taki parszywy. Mamy to przyjąć do wiadomości i nie przejmować się głupstwami.

Racjonalnie byłoby dostarczyć mu zajęcia. Niech dłubie w samotności i w ten sposób zaopatrzy dom w zegarki, latarki, oraz inne użyteczne przedmioty, my zaś, wiedząc co robi, odetchniemy z ulgą.

Z przodownika stada możemy mieć liczne korzyści, o ile jego skłonności przodownicze skierujemy we właściwe koryto. Dyplomatycznie, bo wyraźnego nacisku przodownik nie zniesie. I proszę bardzo, niech rządzi, organizuje i przewodzi ile mu się podoba, zdejmie nam tym z głowy mnóstwo obowiązków, a przysporzy tylko jednego: modlić się, żeby nie wymyślił żadnej głupoty.

Motylek i truteń są do siebie podobne i oba stanowią dla nas karę za ciężkie grzechy. Trzeba upaść na głowę żeby takiego chcieć na stałe. Jeden wyskok rozrywkowy, to owszem, dopuszczalne, ale nic więcej!

Głupie to, bezmyślne, leniwe, do roboty niezdatne, cech pasożytniczych nawet nie ukrywa, a przy tym z reguły posiada wdzięk, czym nas ogłusza ostatecznie. Głupiejemy i pracujemy na takiego, od ust sobie odejmując każdą parę rajstop i każdego fryzjera, on zaś lata beztrosko po świecie. Wraca do domu nie wiadomo kiedy, ząbki do nas wyszczerzy, pocałunkiem zamknie awanturujące się usteczka, po czym z gracją poprosi o nową koszulkę, nowy krawacik, nowy garniturek i ze smętnym westchnieniem wyzna, że ze wspólnego urlopu na Lazurowym Wybrzeżu nici, bo on nie ma pieniędzy. Ogłupiona kobieta natychmiast zapewni, że ona ma i zapożyczy się na śmierć, a kochasia ufetuje. Słusznie zostaje ukarana.

Co to jest wędkarz, wszyscy wiemy. Jednostka ludzka, opanowana łagodną namiętnością. Łagodne namiętności bywają różne i niekoniecznie muszą mieć związek z rybami. Niekiedy przybierają oblicze znaczków pocztowych, niekiedy koni, biegnących po torze, niekiedy ptaszków na nieboskłonie, zachłannie oglądanych przez możliwie dużą lornetkę, a niekiedy sędziowania na meczach siatkówki. W zasadzie niegroźne, acz zawsze wywlekają chłopa z domu, tyle że można mu towarzyszyć, albo nie, zależnie od chęci własnych. Ponadto dostarczają świeżego powietrza.

Jedyny, w niektórych występujący, mankament możemy opanować, trzymając rękę na pulsie finansowym. Wbrew pozorom, nawet wyścigi i filatelistyka nie muszą być takie strasznie kosztowne, zdarza się bowiem (owszem, cudem), że przysparzają zysków. Co do reszty niedogodności, posiłki należy przyrządzać łatwe do odgrzania, bo diabli wiedzą, kiedy taki wróci z ryb.

Zasadniczą cechą kozła w kapuście jest dziki upór i z takim wytrzymać rzeczywiście nie jest łatwo. Zasadniczą cechą dzikiego uporu jest zaś to, że nie wiadomo, czego się uczepi.

Niech nas miłosierna ręka boska broni przed dyskusją z takim na jakikolwiek temat, co do którego podjął już własne decyzje i ma własne zdanie. Może to być:
- sposób krojenia cebulki na deseczce,
- rodzaj szkoły dla dziecka,
- kwiestia zmiany koszuli z białej
na kolorową, z kolorowej na białą,
z brudnej na czystą, z czystej na brudną,
oraz sposób jej uprania,
- pogląd na partie polityczne,
- lokalizacja we własnym mieszkaniu
kwiatka, szafy, popielniczki
i ścierki do talerzy,

- sprawa wyjścia z domu,
lub pozostania w nim,

- konieczność, względnie szkodliwość
noszenia szalika,

- i całe mnóstwo innych życiowych sytuacji,

które w dyskusji z kozłem w kapuście
zatrują nam każdą chwilę egzystencji.

Można, unikając słów, stosować podstępy. Kwiatek
przesuwać na właściwe miejsce, cebulkę kroić po swojemu,
koszulę wrzucić do pralki, wszystko, rzecz jasna, wtedy,
kiedy on nie widzi. Nie jest to sposób gwarantowany, bo
on już dopilnuje swego, koszulę wywlecze z pralki nawet
w trakcie prania, a kwiatek w końcu nie wytrzyma własnej
ruchliwości. Na ośli upór nie ma lekarstwa.

Skunks, jak powszechnie wiadomo, jest to stworzenie
śmierdząco tchórzliwe. Boi się panicznie:

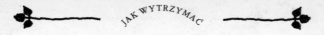

1. Własnego zwierzchnika.

2. Przedsiębiorczości kobiet.

3. Wyjazdu na urlop do nowej miejscowości.

4. Przekraczania granicy.

5. Lokowania pieniędzy:
   - w akcjach
   - w banku
   - w szafie pod ręcznikami
   - w piwnicy pod podłogą
   - w nieruchomościach
   - w ruchomościach
   - w walutach obcych

- a już najbardziej w diamentach i złocie,
bo złodzieje tylko na to czekają, kryjąc się
na schodach za drzwiami.

6. Odnawiania mieszkania.

7. Bandyckiego napadu.

8. Wszelkich zmian.

9. A czasem nawet własnej żony i z takim,
na dobrą sprawę, najłatwiej sobie dać radę.

Tchórzostwem niepomiernie utrudnia życie wszystkim,
ze sobą włącznie. Łże ze strachu. Szanse na karierę i jakieś
sukcesy ma zerowe. Omija starannie łąkę, na której pasą
się żywe zwierzęta. Niczego nie załatwi.

*A potem się dziwi,
że każdy nim pomiata...*

Bóstwo na ołtarzu zostało
już tu omówione, a pomnik na
cokole jest do niego bardzo
podobny. Możliwe, że nawet
jeszcze gorszy.

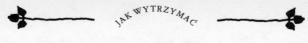

Idiota, jest to po prostu rodzaj spotykany na każdym kroku.

Idiota rwie się do najgłupszego interesu świata i przyczynia strat finansowych całej rodzinie. Pożycza pieniądze hazardziście. Jeśli sam jest hazardzistą, święcie wierzy w wielką wygraną za ostatnie sto złotych. W obecności żony z upodobaniem ogląda się za innymi kobietami. Spotyka się z najnowszą podrywką tam, gdzie siedzi pełno znajomych. Włazi na drabinę dla wkręcenia żarówki i spadając, chwyta za żyrandol. Tkwiąc za kierownicą, nie zdaje sobie sprawy, że jedzie po gołoledzi. Czyści pastą zamszowe pantofle żony. Łysemu szefowi opowiada dowcipy o łysych. Truje... tę, jakby tu... nie, nie tak. Zawraca głowę kobiecie, która z zapartym tchem robi właśnie sylwestrowy makijaż. Otwiera pracującą pralkę.

Nie wymienimy wszystkiego, co robi idiota bez względu na okoliczności i sytuację, w jakiej się znajduje, bo zajęłoby to nam więcej miejsca, niż „Baśnie z 1001 nocy" w pełnym wydaniu. Nie ma na świecie osoby, która nigdy w życiu nie zetknęła się z idiotą i nie dysponuje własnymi doświadczeniami.

O zidioceniu idioty trzeba po prostu wiedzieć i nie dopuszczać go do czynności, wymagających odrobiny

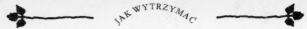

rozumu. Niekiedy hamować zapały. Niekiedy poganiać wytrwale. Niekiedy sprawdzać, gdzie jest i jaką głupotę właśnie popełnia. Roboty ma się z nim powyżej uszu.

Jeść sam potrafi.

Z mędrcem można mieć życie wysoce rozrywkowe.

Pod warunkiem, że nie jest to żaden kretyński besserwiser, tylko prawdziwy mędrzec, znaczy uczony, znaczy taki, co naprawdę o czymś wszystko wie. W dodatku zajmuje się tym, dokonując odkryć i mając na sumieniu nawet wynalazki praktyczne. Na przykład wibrator odchudzający dla szkieletowatej żony, której nijak nie udaje się utyć.

Mędrzec z reguły bywa roztargniony, bo mając umysł zajęty czym innym, nie zważa na codzienne drobiazgi. Nie jest rzeczą trudną dopilnować, żeby wyszedł z domu w butach jednakowego koloru, wystarczy zwyczajnie odkopać w kąt drugą parę innej barwy. W to wbije nogi, co mu pod nosem stoi.

Karmić go można raczej dowolnie, nie zawsze zauważy, co spożywa. Ubierać po swojemu, tak jak nam się podoba. Ukrywać przed nim tylko najnowszą marynarkę, bo potrafi wytrzeć nią kurz z książek, właśnie nabytych w zaniedbanym antykwariacie. Z reguły interesujące jest, co też przyniesie, wysłany do sklepu po zakupy spożywcze.

Jeżeli ma charakter awanturniczy, należy w zasadzie zostawić go w spokoju, unikając jedynie, w miarę możności, przekładania na przykład lupy na drugą stronę biurka. Nie znajdzie jej po stronie właściwej i zrobi piekło.

Towarzyskiego pożytku raczej z niego nie ma, jeśli jednak innych rodzajów pożytku dostarcza, warto o niego zadbać i donosić mu kawkę i herbatkę w ilościach nieograniczonych.

W razie jeśli mędrzec na swojej mądrości zdołał się wzbogacić (każdy cud może się zdarzyć przynajmniej raz), musimy pilnie baczyć na ewentualną konkurencję.

W roztargnieniu zamieni jedną kobietę na drugą, tę łagodniejszą na bardziej agresywną, nie zdając sobie z tego sprawy.

Poza tym dostarcza żywej uciechy, gubiąc:

1. Klucze do mieszkania.

2. Własne gacie.

3. Portfel z pieniędzmi i dokumentami.

4. Bieliznę, niesioną do pralni.

5. Torbę podróżną wraz z zawartością.

6. Samochód,
razem z kluczykami i kartą rejestracyjną.

7. Awizo z poczty.

8. Dokumentację własnego, najnowszego wynalazku.

9. Okulary.

10. I właściwie wszystko.

Jak widać zatem, mędrzec nie jest taki najgorszy. Tyle że zazwyczaj

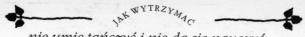

nie umie tańczyć i nie da się nauczyć.

Rycerz posiada wady i zalety potężne,
huczne i często nader kłopotliwe.

Zakuty łeb, co prawda, hałasu na ogół nie robi. To raczej kobieta wysila struny głosowe i zdziera sobie płuca, usiłując przedrzeć się przez przyłbicę chociaż akustycznie, a i to rzadko jej się udaje.

W rycerzu szaleją siły nadludzkie i tylko patrzy, jak by tu je wyładować w obronie kobiety. Nie daj nam Boże czegoś, co przypomina chuliganów, szczególnie na odludnej ulicy, przy powrocie z wytwornej kolacji. Zanim się zdążą obejrzeć, już dostaną po ryju, bo, jak wiadomo, atak jest najlepszą formą obrony. Jeśli przy tym nie stracimy eleganckiej kiecki i wieczorowych pantofli, możemy być pewne, że miałyśmy fart wyjątkowy.

Zalety rycerz posiada niewątpliwe, owszem. Należą do nich:

1. Wyrywanie damie z rąk wszystkiego, obojętne, ciężkie to, czy lekkie.

2. Przenoszenie na rękach przez rów, lub potoczek, przy czym spadek sił rycerskich następuje zazwyczaj w samym środku przeszkody.

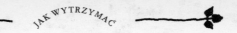
3. Wyrywanie ciężarów z rąk także kobietom obcym, niepojętym przypadkiem zawsze młodym i pięknym.

4. Przenoszenie wyżej wymienionych przez rów, lub potoczek, w naszych oczach, przy czym nasze wielkie nadzieje na tle spadku sił rycerskich z reguły zawodzą.

5. Świadczenie usług płci pięknej bez sekundy namysłu, i bez opamiętania dzięki czemu:

   a. tracimy miejsce w jakimś ogonku.

   b. tracimy naszego rycerza na cały wieczór, bo naprawia sąsiadce kran w łazience.

   c. tracimy pieniądze, bo wydał je na kwiaty i szampana dla jakiejś biednej nieszczęśliwej.

Jak ona biedna i nieszczęśliwa, to my jesteśmy kardynał.

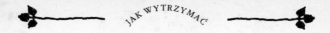

d. ponownie tracimy pieniądze, bo jednym kopem wywalił drzwi, w których kretynce zepsuł się zamek i teraz trzeba te drzwi wstawić.

e. tracimy całą upojną noc,
bo poszedł pocieszać porzuconą
i przez rycerskość nie mógł jej samej zostawić.
Jeszcze by się struła. A niechby!

f. i tym podobne.

6. No dobrze, już dobrze. Mówi nam komplementy, tańczy z nami...

(Jeśli jakaś młoda piękność siedzi sama i robi smętne wrażenie, szybko odwracamy go tyłem do niej pod byle jakim pretekstem.)

...tłucze mięso, bo my nie mamy siły w ręku, z zapałem myje nasz samochód, zatrzymuje rozszalałego byka, który szarżuje na nas na kwietnej łące...

Zatrzymuje, jak zatrzymuje...

(Był jeden taki, który rzeczywiście chwycił byka za ogon, jest to bowiem podobno najlepszy sposób na pokonanie bestii. Pokonał. Siedział potem nad bestią z ogonem w dłoni i rozpaczliwym jękiem żebrał pomocy. Bał się puścić, bo bestia dopiero teraz zrobiła się porządnie rozszalała.)

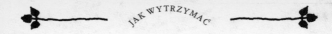
7. Reszty zalet nie będziemy już wyliczać.

Wady ma również imponujące.

1. Za żadne skarby świata nie przyzna się,
   że czegoś nie może, bo mu braknie sił.

   a. męskich

   b. fizycznych

   c. twórczych.

Upuści, zepsuje, skompromituje siebie i nas, pogubi, a przyznać się, nie przyzna, nawet pod szubienicą. Utopi się, a rzekę przepłynie. Zleci na zbity pysk, ale na dach wejdzie. Skopią go cztery podkute kopyta, ale na tym koniu pojedzie. Jezus Mario...!

2. W żaden żywy sposób nie da sobie przetłumaczyć, że mamy do niego większe prawa,

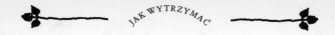
niż tamta druga pani, a w ogóle tamtej pani
żadnej pomocy nie potrzeba.

3. Jeśli usiądziemy w fotelu, błyskawicznie podsunie
nam podnóżek, o który się, wstając, przewrócimy.

4. Nijak nie zdołamy mu wyjaśnić,
że straż porządkowa na meczu wystarczy
i on już nie musi powiększać jej grona.

5. Wytłumaczyć mu nie zdołamy w ogóle niczego,
bo ma zakuty łeb.

6. Uczepi się wiatraków.

Krzyż pański z rycerzem.

Miałam takiego. To ten od wątróbek, bo jeden punkt
drugiemu nie przeszkadza, istnieją osobowości skomplikowane. W ramach rycerskości skorzystał z okazji, żeby
zdrowo dostać po pysku.

Dobre chęci potrafią wydrzeć z naszej duszy jęki
skrajnej rozpaczy, a pohamować ich nie sposób. Im więcej
tłumaczymy, tym bardziej piekielnik się stara.

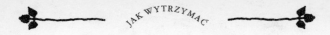
On naprawdę chce dobrze.

- Przyniesione kwiaty, względnie tort lodowy
w pierwszej chwili przed nami ukryje,
żeby nam zrobić radosną niespodziankę,
po czym ktoś na niespodziance usiądzie,
my, on sam, gość, lub też nasze dziecko.

   Z dzieckiem najgorzej, na torcie lodowym
   można się zaziębić od drugiej strony.

- Przygrzeje obiad przed naszym powrotem z pracy,
żeby nas odciążyć, smażąc to, co należy gotować
na parze i odwrotnie.
Po czym nie mamy obiadu.

- Zrobi za nas przepierkę, wrzucając do pralki
razem gimnastyczne gacie dziecka
(granatowe, farbujące) i nasze białe bluzki,
po czym przestajemy mieć białe bluzki.
Pewną pociechę stanowi fakt, że gaciom
gimnastycznym to nie szkodzi.

- Kupi nam w prezencie prześliczny sweterk,
w znienawidzonym przez nas, jadowicie zielonym
kolorze, a w dodatku za mały.
Dobrze jeszcze, jeśli posiadamy córkę,
która barwę kocha, a rozmiar na nią pasuje.

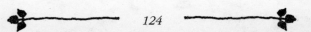

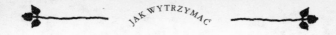
- Wykasuje nam z taśmy ulubiony film,
taki, na przykład, VABANK, żeby nagrać dla nas
przez pomyłkę program rozrywkowy z Katowic
zamiast Ekstradycji, i reklamę nie istniejącego
w sprzedaży płynu do mycia sedesu.

- Szlachetnie i gorliwie pchnie nas w objęcia gacha,
z którym kotłujemy się niechętnie, wyłącznie w celu
wzbudzenia w nim zazdrości i większych zapałów.

- Dla naszej rozrywki znienacka zaprosi gości
akurat kiedy nie mamy w domu nic do jedzenia.

- Przekaże nam zaproszenie w gości akurat
kiedy zaczynamy myć głowę i piec schab na jutro,
a w garnku bulgoczą śliwki w occie.

- Wymyśli nagle figurę erotyczną,
która nas śmiertelnie przerazi.

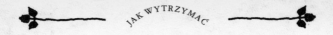

- Chcąc nas pośpiesznie obsłużyć,
wyrwie drzwi od szafy.

- Cieszmy się, jeśli nie podpali mieszkania.

Cieszmy się także, jeśli nie mamy w domu:

a. pieca
(uparłby się dla naszej przyjemności
sam go oczyścić, upiększając wszystkie
pomieszczenia grubą warstwą sadzy).

b. kuchenki mikrofalowej
(wstawiłby do środka metalowy półmiseczek)

c. bojlera
(jak Bóg na niebie, zdołałby wypuścić z niego
wrzątek!)

d. pluskiew
(zniszczyłby je, wywołując potężny wybuch,
połączony z ruiną komina na dachu,
całkiem tak samo, jak mój syn).

Zważywszy, iż piece, bojlery i pluskwy powoli
wychodzą z użycia, mamy wiele powodów do uciechy.
Pilnować należy właściwie tylko kuchenki mikrofalowej.

Prawdziwa, porządna ofiara losu w ogóle nie musi się starać. Wszystko przychodzi jej samo.

Narazić się ciężko szefowi, to dla takiego mięta z bubrem. Pociągi i autobusy odchodzą mu same z siebie kilka minut przed czasem. Paliwa zabraknie mu z całą pewnością dokładnie w połowie drogi między stacjami benzynowymi. Jeśli przypadkiem wygra na loterii, bo niby dlaczego nie, bilet mu się natychmiast sam zgubi. Ofiarom losu takie bilety wyskakują z kieszeni i odbiegają kurcgalopkiem, złośliwie chichocząc.

Przy podróży samolotem zginą mu walizki. W hotelu w Nairobi dostanie jedyny pokój bez klimatyzacji, która się przed godziną popsuła. W każdej windzie stanie pomiędzy piętrami, a jedyna w życiu pomyłka aptekarza padnie na niego.

No i co on tu ma do roboty? Nic.

Rozsądna kobieta przy takim bierze na siebie, ile zdoła. Z dwojga złego lepiej już przysporzyć sobie obowiązków, niż tracić wszystko, pieniądze, walizki, zdrowie i dobrą opinię, z pewnością bowiem, jeśli sąsiad ma nielegalną podrywkę, na jej chłopa padnie. I ona wyjdzie na głupią, a nie żona sąsiada.

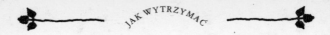
Dla ofiary losu należy mieć w sercu odrobinę litości. Co nie znaczy, że powinno się go zabić, żeby się wreszcie przestał męczyć.

Bufon... No i co tu będziemy ukrywać, bufon przynosi ciężki wstyd i co z takim robić, nie wiadomo. Znałam jedną inteligentną kobietę, która posiadała typowego bufona. Traktowała go pobłażliwie, wszystkim subtelnie dając do zrozumienia, że nie należy na niego zwracać uwagi, bo on tak sobie głupio żartuje. Może należy brać z niej przykład?

Gbur bez wychowania musi mieć potężne, dodatkowe, ukryte zalety, żeby w ogóle chcieć z nim wytrzymać. Trzeba w każdym razie:

1. Opanować wzdryganie
   przy jego co celniejszych wyskokach.

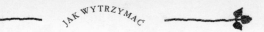
2. Nie reagować awanturniczo.

3. Unikać dyskusji z nim przy ludziach.

4. Nakarmiwszy go i napoiwszy doskonale,
   tłumaczyć o co tu chodzi
   jak sołtys krowie na miedzy.
   Nie za często, od czasu do czasu.

5. Przypominać sobie ustawicznie o tych jego
   ukrytych zaletach. Bo może, na przykład,
   sam, dobrowolnie, myje okna?
   Hobby ma takie...

6. Udawać, że nie znosimy podawania palta,
   upuszczone przedmioty podnosimy własnoręcznie
   dla gimnastyki, a brutalne inwektywy
   uważamy za komplementy.

Gbur kompromituje nas podobnie jak bufon, ale w końcu wszyscy się przyzwyczają i będą uważali, że po prostu mamy taki dziwny gust.

Egocentryk, przy całym okropieństwie charakteru, często posiada cechy pozytywne, w co trudno uwierzyć, ale jednak. Bywa inteligentny i rozumie własny interes.

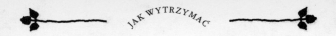
Bywa czyściutki i porządny, niewiele jest po nim sprzątania. Jeśli przypadkiem jego przyjemności są wspólne z przyjemnościami kobiety, dostarcza ich do upojenia. Jeśli nie są wspólne, nie ma co tu się dziwić i rozpaczać, chcemy egocentryka, no to go mamy.

*(A propos chcemy
to mamy.)*

Znałam kiedyś pewną rozsądną kobietę, manikiurzystkę z zawodu, która koniecznie chciała mieć rudego męża. Zrealizowała swoje pragnienie.

- I jak teraz on jest niedobry i w ogóle okropny,
denerwuje mnie, albo co - mówiła do mnie -
to ja sobie myślę: „chciałaś rudego, masz rudego".
I od razu jestem zadowolona.

Była to bardzo mądra kobieta, która rozwiązała problem życiowy. Powinno się ją naśladować.

*(I przede wszystkim wiedzieć,
czego się chce.)*

Hipochondryk, to właściwie nic takiego. Lekarstw, lekarzy i słów pociechy możemy dostarczać mu na wagony,

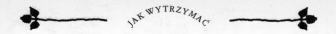

a dietetyczne pożywienie nam też się przyda. Ukradkiem zjemy sobie coś dobrego i już nam będzie przyjemniej. Istotna jest wiedza, że mamy hipochondryka, która pozwoli nam nie przejmować się głupstwami i zachować pogodę ducha.

Skąpiradło i król życia są to dwie osobowości kontrastowe, które jednakowo przyczyniają nam ciężkiej zgryzoty. Przeciwdziałać im należy dokładnie odwrotnie i zawsze dyplomatycznie.

Zmusić skąpiradło do niezbędnego wydatku jest równie trudno, jak powstrzymać króla życia od wydatku całkowicie zbędnego. Jeśli mamy usposobienie towarzyskie i gościnne, skąpiradło nas dobije, a król życia uszczęśliwi. Jeśli kochamy własny dom i święty spokój, król życia wpędzi nas do grobu, a skąpiradło dostarczy ulgi. Siedzenie we własnym domu i dziergane na drutach nie kosztuje ani grosza, a przy tym skąpiradło może okazać nam wielką miłość, ponieważ robimy coś, co bez drutów należałoby kupić, jesteśmy zatem perłą i diamentem bez skazy.

Wniosek prosty. Zanim zdecydujemy się na króla życia, lub skąpiradło, zastanówmy się nad własnym charakterem. Jeśli nie chcemy, lub nie umiemy się zastanowić, nie zasługujemy na litość.

Turysta też nas może dobić, ale równie dobrze zachowa naszą młodość i kondycję. Zmusi nas do pokonywania górskich zboczy w potokach ulewnego deszczu, wykąpie nas w lodowatej morskiej wodzie, nadmie nas świeżym powietrzem i dotleni do wypęku, padniemy pod ciężarem plecaka i dostaniemy kataru, a może uda nam się nawet przy jakiejś okazji złamać nogę, co ocali nam życie. Błogie chwile w szpitalu długo będziemy wspominać.

Jeśli na samą myśl o kolejnym weekendzie w plenerze czujemy dreszcze na plecach, a na widok wody, bodaj w garnku, dostajemy reumatyzmu, zawsze możemy symulować jakąkolwiek dolegliwość, która pozwoli nam

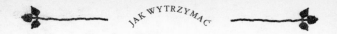

zostać w domu i niech on sam jedzie. Ewentualne rywalki nie stanowią wielkiego zagrożenia, bo w plenerach kobiety rzadko pojawiają się samotnie.

*Całkowicie unikać turystyki nie możemy,
bo wtedy on przestanie nas kochać.*

Zapomniałam o sadyście. Sadysty należy się bezwzględnie i jak najszybciej pozbyć, niezależnie od tego, czy jego sadyzm jest fizyczny, czy moralny. Rady nie ma na żaden rodzaj.

Chyba, że jesteśmy masochistką.

Patologiczny łgarz bywa nieco denerwujący i kłopotliwy. Nigdy nie możemy przy nim mieć pewności, czy rzeczywiście dom naszych rodziców się spalił, czy nasz samolot do Londynu rzeczywiście odlatuje o siedemnastej, czy sklep w naszym domu rzeczywiście został nagle zamknięty i czy spotkana na schodach młoda dama nie wyszła przypadkiem z naszego mieszkania.

Wszystko zależy od naszej odporności psychicznej i własnych skłonności do łgarstwa. O ile takowe posiadamy,

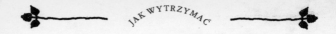

zabawa może być niezła, ale krótka. Patologiczny łgarz rychło nas porzuci, bo sam kłamie z upodobaniem i bez potrzeby, ale cudzego kłamstwa nie zniesie.

Pedant natomiast jest to klęska żywiołowa. Przytłoczy nas swoją prezycją, przyczepi się do wszystkiego, niczemu nie przepuści. A to ostatni guzik przy koszuli źle mu został przyszyty, krzywo, inne mają dziurki w poprzek, a ten ma dziurki na skos! Nie szkodzi, że to ten dolny, zazwyczaj ukrywany w garderobie poniżej talii, źle przyszyty i cześć. A to ręczniki w łazience nierówno wiszą, jeden się zagiął! A to książka jedna z półki wystaje, bo format ma inny, jak to wygląda?! A to na szklance jedna kropka z wody, niedotarta, nie będzie z takiego pił!

Dogodzić mu mogłaby wyłącznie jeszcze większa pedantka, niż on. Taka, co to do ust nie weźmie kartofelków, jeśli wszystkie nie będą idealnie równej wielkości. Osoby normalne zaczną szukać psychiatry, albo porąbią siekierą parkiet.

A dżentelmen? Niby ogromnie pożądany w czasach zdziczenia obyczajowego, ale wyobraźmy sobie, że kobieta

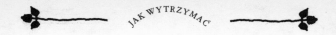
się zakrztusi. Raczej dopuści, żeby się udusiła na śmierć, niż rąbnie ją w plecy jak należy. Zyski z niego niepewne.

Z drugiej znów strony,
nie krztusimy się przecież co chwila...

Francuski piesek też niezły.

Zasadniczą cechą takiego jest delikatna psychika i subtelne unerwienie. Wstrząsa nim boleśnie nie tylko czyn niewłaściwy, ale także słowo, ton, a nawet zgoła myśl. Nieszczęsna kobieta pomyślała, co o nim myśli i odbiło jej się to na twarzy, po czym przez tydzień musi sprawę odkręcać bo inaczej ma w domu depresję, melancholię, drgawki i jeden wielki wyrzut, albo wcale nie ma mężczyzny, bo on poszedł odzyskiwać równowagę. A kto coś takiego wytrzyma?

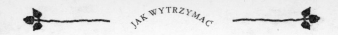
Szok okropny dla francuskiego pieska stanowi na przykład:

- przerwanie mu w środku zdania,
nawet jeśli za jego plecami zapaliła się choinka,
czego nie zauważył.
Gapiąc się na choinkę, okazujemy mu lekceważenie.

- nasze wrzaski przez okno do dziecka
na placu zabaw, a on od takich krzyków cierpi.
Nie szkodzi, że dziecko pcha właśnie do dziury
w śmietniku głowę, której później nie zdoła wyjąć.

- zwrócenie mu uwagi, że sól ma przed nosem,
brutalnym tonem, aczkolwiek naszym zdaniem
wydajemy z siebie słowicze trele.

- czepianie się niedelikatnie,
że zapomniał numeru mieszkania znajomych,
do których udajemy się z wizytą,
kwiaty nam więdną na mrozie, a my nie wiemy
który guzik nacisnąć w domofonie wieżowca,
aczkolwiek nasza uwaga brzmiała:
„Może, kochanie, masz zapisane w notesie...?"

- nie może nas wykorzystać seksualnie,
ponieważ przed wstąpieniem do łoża
pirzgnęłyśmy ranne pantofle byle gdzie,

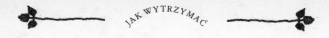
gestem wprost ordynarnym.
Bardzo go to zdeprymowało.

- Nie może spożyć posiłku, bo na stole zostało
obrzydliwe pudełko zapałek z naderwaną etykietą.
*(Esteta, psiakrew. Zwyczajny esteta usunie zapałki
i zeżre, francuski piesek straci apetyt.)*

Francuski piesek i mimoza to właściwie jedno i to
samo. Powiedzmy, że mimoza mniej szczeka.

Dla niektórych kobiet mężczyzna jest niezbędnym
składnikiem życia i można im współczuć, ale rady na to
nie ma. Charakter taki i cześć.

Niezbędny składnik życia może być jakikolwiek. Ona
bowiem:

1. Nie życzy sobie sama spać, ponieważ:

   a. lubi, żeby coś żywego obok niej oddychało.
   Nawet chrapiąc.

   b. szaleją w niej potrzeby seksualne.

   c. najzwyczajniej w świecie sama się boi.
   (Szafa skrzypnie, pewnie ktoś się zakrada.

*Cień na suficie się rusza, pewnie złodziej włazi
przez okno. Coś szumi, pewnie ogień,
płomienie w kuchni! Duchy, a kto to wie,
czy ich na pewno nie ma...?
Bez powodu też się potrafi bać, siada na łóżku,
serce jej łomocze, tchu brak,
a może jest chora...? Umrze!
Osamotniona! Bez pomocy!)*

**Czy ja kiedykolwiek mówiłam,
że kobiety nie miewają głupich pomysłów?**

2. Nie umie być samowystarczalna finansowo
i potrzebny jej ktoś drugi, żeby też zarabiał.
Chyba że ma tatusia-milionera. NIE skąpego.

3. Kontakty, wtyczki, gniazdka i oprawki do żarówek
zatruwają jej życie.
Nie w każdym domu mieszka elektryk.

4. Ktoś musi nosić ciężkie rzeczy.

5. Chce dla kogoś gotować, bo lubi,
a dla siebie samej jej się nie chce.

6. Uwielbia się kimś opiekować.

7. Uwielbia, jak ktoś się nią opiekuje.

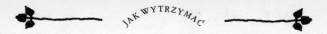
8. Nie będzie sama latała po knajpach, dansingach, balach i przyjęciach u znajomych.

9. Nie umie sama wyjechać na urlop.

10. Do kogoś musi gadać.

11. Dla kogoś musi wyglądać.

12. Chce mieć dzieci, zaopatrzone w tatusia.

Z tych wszystkich, a także kilku innych powodów mężczyzna jest dla niej niezbędnym składnikiem życia i wszystko zrobi, żeby go posiadać. Nie ma zatem wielkiego znaczenia, jaki będzie, chociaż lepiej, żeby któreś z powyższych postulatów spełniał.

Prawdziwa i rzetelna podpora życiowa, to jest takie coś:

1. Piękny, czy nie piękny, ale nam się podoba.

2. My jemu również. Nawet nas kocha.

3. Zdrowy, nie kwęka, żreć może wszystko i nic mu nie szkodzi.

4. Smakuje mu nasza kuchnia,
nawet jeśli ugotujemy beznadziejne świństwo.

5. Sam ugotuje bez oporu i niezłe.

6. Z przyjemnością zaciągnie nas do restauracji,
żeby nam się rączki niepotrzebnie nie niszczyły.

7. Dostrzega nasze:

  a. uczesanie

  b. nową kieckę

  c. stracone dwa kilogramy

  d. kolor lakieru na paznokciach

  e. sukcesy zawodowe

  f. zmienione perfumy

  g. ogólny urok

  h. nastroje.

I wszystko wydaje mu się zachwycające.

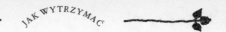
8. Jeśli akurat wyglądamy jak ostatnia mazepa,
twierdzi, że uwielbia naturalność,
bijącą z nas w dniu dzisiejszym.

9. Zarabia więcej pieniędzy niż my.

10. Załatwia wszystko, poczynając od nabycia
programu telewizyjnego, a kończąc na budowie
nowej willi nad morzem Śródziemnym,
poprzez wypełnianie zeznań podatkowych.

11. Nie zwraca żadnej uwagi na inne kobiety.

12. Chętnie z nami tańczy i gra w brydża.
Jedno i drugie potrafi.

13. Zapewnia nas optymistycznie,
że wszystko będzie dobrze.

14. Możemy mu płakać w kamizelkę, ile chcąc.
Nawet bez powodu i bez potrzeby.

15. Uwielbia z nami rozmawiać.

16. Nie popełnia przestępstw
i nie musimy drżeć o jego wolność.

17. W łóżku jest doskonały.

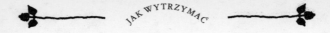

18. Lubi dzieci, szczególnie własne.

19. Zazdroszczą go nam obłędnie wszystkie inne
osoby obojętnej płci.

20. Nie przejawia żadnych zwyrodnień, ani zboczeń.

21. Pielęgnuje nas w chorobie lepiej,
niż najczulsza matka.

Oj, dobrze już, dobrze!
Czy ja mówię,
że takie coś istnieje?

Takie coś jednej kobiecie kiedyś się przyśniło
i obudziwszy się, wybuchnęła gorzkim i żałosnym szlochem.

Opowiedziała sen przyjaciółkom. Też się popłakały.

A nikt tu nie twierdzi, że powyższa lista wyczerpała
kwestię. Cóż znowu, pozostało nam jeszcze wszystko inne.

We wszystkim innym
mieści się wszystko inne.

Ponadto bywają charaktery złożone. Razem, rycerz

i idiota. Pedant i bóstwo. Buhaj i motylek. Dżentelmen i kozioł w kapuście. Zdarzają się nawet po trzy dominujące cechy naraz, na przykład wędkarz, ofiara losu i skunks. Albo bóstwo, turysta i pedant. Albo buhaj, rycerz i truteń. Przy tych ostatnich konglomeratach najlepiej powiesić się od razu, unikając długich tortur psychicznych i fizycznych.

Ze wszystkiego wynika, że właściwie mężczyzna stanowi uciążliwość potworną, utrapienie i udrękę, wszystko na u, ciekawe dlaczego.

Mimo to, kobiety nie chcą się ich wyrzec.

Skomplikowana sprawa.

Po co ja właściwie płakałam w te gęsie wątróbki? Bóstwo zatruwało mi życie, gnębiło mnie, denerwowało, pożytku z niego nie było prawie żadnego...

A, oczywiście! Po prostu chciałam, żeby nie zatruwało mi życia, nie gnębiło mnie i nie denerwowało. Chciałam, żeby mnie wielbiło i sprawiało mi same przyjemności. Moje chęci nie zostały spełnione, musiałam pozbyć się złudzeń i nadziei, i dlatego płakałam.

Wypisz wymaluj to samo dotyczy wszystkich innych kobiet. Mają buhaja i chcą, żeby nie był buhajem. Mają idiotę i chcą, żeby nie był idiotą. Mają gbura i chcą, żeby się przeistoczył w dżentelmena. I tak dalej i dalej.

Tymczasem oni, jeśli już się zmieniają, to z reguły na gorsze. Pedant zaczyna robić za buhaja, odyniec samotnik nabiera cech motylka, rycerz dla świata pozostaje rycerzem, a dla nas zaczyna wcielać się w gbura, a dżentelmen we francuskiego pieska.

Jednakże kobiety nie chcą się ich wyrzec...

Nie, to nie, skoro nie chcą,
muszą ich zdobyć.
Zdobywanie zaczyna się od podrywania.

Są to, oczywiście, dwa zupełnie różne elementy. Poderwany, to jeszcze nie zdobyty, a w dodatku podrywanie może być jawne, acz dyplomatyczne, zdobywanie zaś należy ukryć jak najstaranniej, żeby mogli być pewni, że to oni zdobyli, patrz: tekst wcześniej.

Stare, wypróbowane sposoby są w gruncie rzeczy najbardziej skuteczne. Cały świat zna słynne potknięcie Marleny Dietrich. Wchodzi na scenę i potyka się lekko zupełnym przypadkiem, a wszyscy panowie na widowni, niezależnie od tego, jaką osobowość reprezentują, odruchowo zrywają się z krzeseł, żeby divę podtrzymać. Najbardziej tępy i nieruchawy przynajmniej drgnie.

Nad sposobami podrywania zresztą nie warto się rozwodzić, bo żadnej kobiety tej sztuki uczyć nie trzeba. Potknie się, jak Marlena, rozsypie mu pod nogami jabłuszka i cebulkę, upuści portfelik, na wszelki wypadek pusty, i jeśli taki nie rzuci się z pomocą, jest ostatnim chamem i z podrywania go należy czym prędzej zrezygnować.

Dwie są metody zasadnicze, jedna to żarcie, a druga podziw. Do serca przez żołądek, też stara zasada. Podziwowi żaden się nie oprze, widząc właściwy wyraz skierowanych na niego pięknych oczek, najgorszy ćwok uwierzy we własny wielki rozum, najgorsza maszkara we własną urodę. W dodatku tak rozum, jak urodę docenia tylko ta jedna pani i jakoś nikt inny, a cóż za wyjątkowa istota!

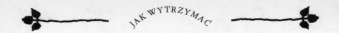

Wyważenie nacisku, jednemu subtelnie, drugiemu nachalnie i toporem, jest już dziełem instynktu kobiety, która musi wywęszyć, co lepiej zadziała. Zazwyczaj nawet machina oblężnicza nie stanowi nadmiaru, bo we własną doskonałość oni i tak głęboko wierzą.

Dla wyjątkowo opornych trzeba po prostu posuwać się nieco dalej. Jedna pani, nie mogąc osiągnąć sukcesu jako tako ulgowo, zmuszona była symulować samobójstwo przez utopienie. Rzecz oczywista, wyczekała chwili, kiedy upatrzony pan znalazł się nad rzeką i mógł to widzieć. Nie strzymał, skoczył za nią, po czym długo musiał jej stosować sztuczne oddychanie. Następnie się z nią ożenił, głównie pod wpływem wyrzutów sumienia. Gryzło go, że nie skoczył od razu, tylko trochę odczekał, ale nie był taki głupi, jakby się zdawało i podejrzewał, że ona symuluje. Ona zaś zaparła się w sobie i omal nie przemieniła symulacji w fakt. Nie jest to żadna anegdota, tylko wydarzenie prawdziwe.

Potem się z nią rozwiódł,
co nie ma nic do rzeczy.

Poderwawszy i pozwoliwszy się zdobyć, dopiero zaczynamy mieć porządne kłopoty!

Uciążliwością największą i ciężkim orzechem do zgryzienia jest unikanie własnych błędów. Błędy zaś bywają przerażająco rozmaite.

Do zasadniczych należą:

1. Odbieranie mu przyjemności, do których przywykł.

Przedtem oglądał mecze, a teraz ona grymasi. Przedtem grywał w brydża z kumplami, a teraz musi tkwić przy niej, ona zaś nie odróżnia twarzy karty od grzbietu. Przedtem wyjeżdżał w plenery pod namiocik, a teraz nic z tego, bo ona zaraz dostaje kataru. Przedtem dłubał sobie w modelach okręcików i miał dookoła racjonalny śmietnik, a teraz ona mu sprząta. Przedtem bywał na wyścigach, a teraz ona fochy stroi. Przedtem podrywał dowolne panienki, a teraz ona nie pozwala.

Rozumna kobieta trochę mu tego zostawi. Niech sobie ogląda mecze, ona w tym czasie zrobi manicure i będzie miała dość czasu, żeby lakier na paznokciach wysechł.

Niech dłubie i sam swój śmietnik sprząta, albo go chociaż zasłoni. Niech mu urządza tego brydża u siebie w domu, w kwestii pożywienia brydżyści nie są wymagający, wystarczą im byle kanapeczki i kawa, lub herbata, a jeśli chcą więcej, niech przyniosą te pół litra w kieszeni. Na wyścigach może bywać z nim razem, a jeśli ją to nudzi, nich przeznaczy owe chwile na kontakty z przyjaciółkami, które w gruncie rzeczy lepiej jest separować od swojego mężczyzny.

Zezwolenia na panienki nikt od niej nie będzie wymagał, byłoby to bowiem przeciwne naturze.
Raczej niech mu je sama zastąpi.

2. Zmuszanie go do nieprzyjemności, do których nie przywykł.

Przedtem nie wycierał butów, a teraz musi. Nigdy nie lubił tańczyć, a teraz jest przymuszany. Nienawidzi zakupów żadnego rodzaju, a teraz jest włóczony po sklepach. Nie znosi zwierząt, a teraz musi żyć w towarzystwie psa i dwóch kotów. Nie cierpi zmywania, a tu czeka na niego pełen zlewozmywak.

No dobrze, zrezygnujmy, ostatecznie, z włóczenia go po sklepach, bo i tak pożytku z niego nie będzie, a najwyżej nas zdenerwuje. Do pozostałych rozrywek przyzwyczajajmy

go stopniowo. Jeśli zaś nie lubi zwierząt, lepiej pozbądźmy się go jak najprędzej.

3. Złe karmienie.

Tu nie ma siły, braku pożywienia żaden mężczyzna nie wytrzyma. Potrawy, do których czuje wstręt, również nie wyjdą nam na zdrowie. Ustawiczne spóźnianie się posiłków, nawet jeśli z początku tolerowane, rychło przywiedzie nas do zguby. Zastanówmy się nad tym i lepiej coś z tym zróbmy.

4. Permanentna krytyka.

Tego nie zniesie żaden człowiek,
a nawet mężczyzna.

Ponadto:

Jeśli słowa krytyki przemocą rwą się nam z ust, w naszym mężczyźnie zaś dostrzegamy same wady, powiedzmy sobie szczerze i otwarcie, że to nie on nas przestał kochać, tylko my jego. Miłość bowiem ma to do siebie, że upiększa wszystko, co jej pod rękę wpadnie, z ukochaną osobą na czele.

O ukochanej osobie myślimy tkliwie:
„Jak on ślicznie pluje!"

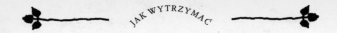
O osobie NIEukochanej myślimy z niechęcią.

Jak on się głupio uśmiecha, jak debil".

Odwrócenie płci ma oblicze identyczne. To już nasi przodkowie doskonale znali, „uważaj, złotko, bo błotko" i „uważaj ślepoto, bo błoto", nie ja to wymyśliłam.

Kochać go zatem, może i nie kochamy, ale stracić nie chcemy. Musimy zatem opanować naszą niemiłość i z uwag w rodzaju:

- Znów zostawiłeś zachlapaną podłogę
w łazience!
- Jak te buty ustawiasz,
znów na środku przedpokoju!
- Kowalski zarobić potrafi,
ale przecież nie taka niedojda, jak ty!
- Lepiej nawet nie zaczynaj,
bo i tak nic z tego nie będzie.
- Ucisz ten cholerny telewizor,
ty głuchy jesteś chyba?!
- Z tobą tańczyć?
To już wolę z hipopotamem.
- Jak ty jedziesz,
kto ci dał prawo jazdy?!
- Już jak ty co załatwisz...
- Idiotę z siebie robisz na każdym przyjęciu!

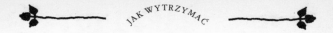
- Szkoda dla ciebie każdego ubrania,
w sklepie wygląda elegancko, a na tobie jak rzęch.
- Daj mi święty spokój!
oraz wielu podobnych, wygłośmy najwyżej połowę.

Inaczej on się w końcu połapie i da się poderwać innej
kobiecie, pierwszej, która go raz pochwali.

Permanentna krytyka wchodzi w zakres pomiatania,
a do pomiatania nadają się tylko niektórzy, raczej nieliczni
mężczyźni. Kobiety w zasadzie pomiatają nimi z gniewu,
że się nadają do pomiatania.

Błędem kobiety jest także:

- nadmierna uległość.

On się rozbestwia, pcha na wyższą grzędę, chwyta
całą ręką, a może i obie, orze kobietą, niczym parą wołów,
sam robi co chce i zbytek swobody zaczyna go w końcu
nudzić.

- nadmierna władczość.

Jeśli nie jest z natury zakamieniałym pantoflarzem, rychło ockną się w nim cechy męskie, oraz duch przekory. Nic dobrego z tego nie wyniknie.

- nadmierna podejrzliwość.

Nadmierna podejrzliwość ma to do siebie, że może podsunąć mu myśli, na które sam z siebie w życiu by nie wpadł. Ponadto, uzasadniona, czy nie uzasadniona, zawsze jest nieznośna.

- nadmierna ufność.

Zaufanie zaufaniem i wiara wiarą, uczucia nader szlachetne, ale nie popadajmy w przesadę. Niekiedy on sam nie wie, że łże i lepiej to sprawdzić, zanim będzie za późno.

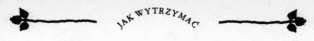

- nadmierna miłość.

Nie da się ukryć, że mężczyźni przesady uczuciowej na ogół nie trawią. Ustawiczne żądanie: „Powiedz, że mnie kochasz!" staje im kością w gardle. Spędzenie całego wieczoru na patrzeniu sobie w oczy i trzymaniu się za ręce brzydnie im już po pierwszym razie. Kochać nas, kochają, ale ogólnie i przecież nie bez przerwy!

I nawet trudno im się dziwić. Wraca taki do domu, uchetany i zmoknięty, zdjąłby mokre łachy, pozbył się zabłoconych portek, ale nie bardzo może, bo ona wisi mu na szyi już od drzwi wejściowych i pęta ruchy, domagając się płomiennych deklaracji uczuciowych.

Albo wraca taki do domu, głodny nieziemsko, siada do obiadu, obiad nawet smakowity, ale spożyć go nie sposób, bo ona staje za nim, oplata go ramionami i uciska mu grdykę. Osobiście wątpię, czy w tym momencie on ją bardzo kocha.

Albo, wykorzystawszy swoją kobietę racjonalnie, on by poszedł zobaczyć się z ludźmi, ona zaś oczekuje dalszych zapewnień, że jest uwielbiana. Ludzie jej potrzebni jak

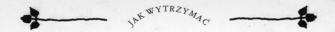

dziura w moście. Obraża się i płacze, albo wlecze za nim niczym kula u nogi i kompromituje go w oczach świata przesadnymi czułościami.

Albo chciałby wreszcie przeczytać jakąś prasę, niekiedy nawet książkę, ona zaś znęca się nad nim. „Kochanie, czy ci wygodnie?", pyta z tkliwym niepokojem, „kochanie, czy ci nie zimno". Może zamknąć okno? Kochanie, czy ci nie za gorąco? Może otworzyć okno? Kochanie, czy chcesz herbatki? Kawki? Może coś zjesz? Kochanie, powiedz, że mnie kochasz!" Anielskiej cierpliwości trzeba, żeby z udręczonej piersi nie wydać ryku rannego żubra.

Ile czasu oni to wszystko mogą
wytrzymywać?

No i nadmierna zazdrość.

Zazdrość jest to duża rzecz i uczucie potężne. Co gorsza, kobiety bywają zazdrosne irracjonalnie, o elementy, które im wcale, w gruncie rzeczy, nie zagrażają.

Na przykład:

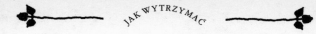
1. O jego byłą żonę, obecnie już nieboszczkę.

2. O jego byłą żonę, obecnie już znienawidzoną, acz jeszcze żywą.

3. O wszystkie byłe kobiety jego życia.

4. O wszystkie aktualne kobiety, które spotyka w miejscu pracy i rzadko którą jako tako znosi.

5. O jego szefa, obojętnej płci.

6. O jego wszystkich kolegów.

7. O psa.

8. O pracę doktorską, właśnie przez niego pisaną.

9. O marynarkę, która towarzyszy mu wszędzie.

10. O telewizor, w który on patrzy z takim upodobaniem.

11. O ekspedientkę w kwiaciarni.

12. O samochód.

13. O wszystko, co on lubi, czym się zajmuje

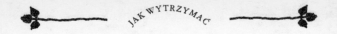
i co cieszy się jego obecnością, nawet jeśli marynarce jest to całkowicie obojętne, a szef go nie cierpi.

Cała ta zazdrość, z natury rzeczy przesadzona, ujawniona i kultywowana, zatruje egzystencję absolutnie każdemu, nawet psu.

Zazdrość, ognistą i dziką, należy pieczołowicie ukrywać, okazując jej tylko tyle, ile trzeba. Nikt nie twierdzi, że jest to zadanie łatwe, o nie!

***Kompletny brak zazdrości
jest równie szkodliwy.***

Wyobraźmy to sobie na przykładzie własnym.

Czarujący osobnik tańczy z nami, mizdrzy się, zachwyca, nazajutrz przysyła kwiaty, a ten nasz nic. Kwiatów nie zauważa, a w dodatku mówi życzliwie: „Chyba się dobrze bawiłaś, kochanie?" I w najmniejszym stopniu nie obchodzi go kto to był, ów czarujący osobnik.

Znikamy z domu, zestrojone jak stróż na Boże Ciało, na całe popołudnie i wieczór, wracamy o wpół do drugiej w nocy, a on, ten nasz, zwyczajnie śpi. Może nawet chrapie.

Specjalnie robimy przyjęcie, ekspansujemy się fizycznie i materialnie, wyłącznie po to, żeby obdarzać rozszalałymi względami męża byle której przyjaciółki, obdarzamy, łypiemy okiem na tego naszego, on zaś do obdarzanego męża mile się uśmiecha, a nam kiwa głupim łbem z wyraźną aprobatą. Potwór.

Wyjeżdżamy bez niego na urlop, podkreślając, że w interesującym towarzystwie, a on się upewnia, czy mamy krem do opalania.

Robimy w ogóle co możemy, miewamy tajemnicze konferencje, spotkania rzekomo w damskim gronie i nagłe dyżury, wyjeżdżamy na delegacje, tkwimy przed lustrem przy każdym wyjściu z domu, aż same sobie obrzydniemy, odziewamy się w kuszące desusy, nabywamy nowe perfumy, a on nic. Autentycznie beztroski, kochający i czuły, albo zgoła obojętny. No przecież szlag ciężki by nas trafił i dostałybyśmy białej gorączki, tracąc do reszty rozum i opamiętanie!

Jeśli zatem nie chcemy,
żeby ten nasz stracił rozum i opamiętanie,
trochę zazdrości okazywać musimy.

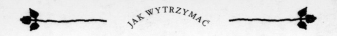

Jedyna zazdrość racjonalna dotyczy naszych przyjaciółek i tu należy zachować czujność wyjątkową. Osobiście powątpiewam, czy istnieje na świecie przyjaciółka, której by nie korcił mężczyzna przyjaciółki, chyba że jest to mazepa nieziemska, lub też typ odrażający charakterologicznie. A i to niepewne, poświęci się taka z zaciśniętymi zębami, a swoje osiągnie. A przynajmniej osiągnąć spróbuje.

Żadnych ulg dla wspólnego przyrządzania kawki w kuchni! Żadnych pomocy dla zepsutych zamków błyskawicznych na plecach! Żadnych oczekiwań na nasz powrót sam na sam! Żadnych spotkań w ustronnej kawiarni dla uzyskania porady w obojętnej dziedzinie! Żadnych reakcji na telefon, przez który ona, ta przyjaciółka, we łzach błaga o usunięcie trupa męża, którego świeżutko przez pomyłkę zabiła! Nic z tych rzeczy!

W odniesieniu do przyjaciółek trzymamy rękę na pulsie i raczej już same, z wyrazami współczucia, przyrządzamy, pomagamy, spotykamy się, radzimy, wcześniej wracamy i usuwamy. Nawet kilka trupów.

Strzeżonego pan Bóg strzeże.

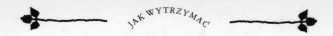

Kryjąc starannie naszą zazdrość,
możemy zwyczajnie przeszkadzać,
wspinając się na szczyty dyplomacji.

O byłych żonach, żywych i zeszłych z tego świata, po prostu nie wspominamy. Omijamy temat. Jeśli siłą pcha się nam na usta, wychodzimy do kuchni albo łazienki, tam wypowiadamy kilka zdań i wracamy ukojone.

Kobiety w jego miejscu pracy oglądamy z uwagą, jawnie pod byle pretekstem lub potajemnie bez pretekstu, po czym z ulgą ograniczamy zazdrość do ich mniejszej części. Poza domami mody i filmem, reszta instytucji wielkiego niebezpieczeństwa nie przedstawia, a w każdym razie mocno je łagodzi. Po czym, przez śmieszny przypadek, spotykamy go kiedy wychodzi z pracy i z radosnym uśmiechem na ustach likwidujemy wszelkie plany towarzyskie.

Kolegów zapraszamy do domu, poznajemy, zaprzyjaźniamy się z nimi i niech on będzie zazdrosny, oraz ich żony.

Psu dajemy spokój.

Ekspedientka w kwiaciarni ma pewien sens.

O przedmiotach martwych możemy spokojnie napomykać, żartobliwie przyznając się do zazdrości, pod warunkiem wszakże, że pozwolimy mu w pewnym stopniu zajmować się:

- pracą doktorską
- telewizorem
- samochodem
- jakimkolwiek maniactwem

także nosić marynarkę.

Co do szefa, jeśli jest mężczyzną, próbujemy go poderwać. Jeśli jest piękną kobietą, walimy głową w ścianę. Potem zajmujemy się leczeniem silnych zadrapań na czole.

Wszystkie nasze działania ukierunkowane są w zasadzie na utrzymanie przy sobie pożądanego mężczyzny, względnie na odzyskanie traconego.

Metody na to istnieją rozmaite.

Znam kobietę, zapracowaną, beznadziejnie zaniedbaną i bliską porzucenia, która osiągnęła zdumiewający rezultat, wygłaszając znienacka krótkie exposé do męża i syna.

- Wstyd wam przynoszę - rzekła stanowczo.
- Wyglądam jak pomietło. Dosyć tego,
od dziś zaczynam starania, żebyście mogli
być ze mnie dumni. Jutrzejszy obiad w lodówce,
a potem róbcie co chcecie, ja się zajmuję sobą.

Zgłupieli z tego obaj tak okropnie, że jeden drugiego potem gnał do robót domowych i przypominał, że matka jest u fryzjera, poszła do kosmetyczki, siedzi u krawcowej i do drugiego pokoju nie wolno wchodzić, bo ona tam leży z herbatą na oczach.

Ona rozkwitła, a mąż nagle zauważył, że ma całkiem niezłą żonę. Od czasu do czasu rozsądnie przyrządzała pożywienie, budząc dodatkowe zachwyty.

Czując i widząc wyraźnie, że coś tu nie gra, nie należy:

1. Robić awantur dzień w dzień
   bez konkretnego, rażącego powodu.

2. Stosować cichych dni.

3. Płakać.

4. Symulować ciężkiej choroby.
   Nawet lekka niewskazana.

5. Wyjeżdżać,
   chyba że na zawsze i nie byle gdzie,
   a do miejsc wyjątkowo atrakcyjnych.
   W grę może wchodzić Paryż, wyspy Kanaryjskie,
   Las Vegas, względnie Borki nad Supraślą.
   Zależy, co kto lubi.

6. Obrażać się i odmawiać spełniania obowiązków
   małżeńskich.

7. Kłócić się o pieniądze.

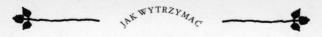
8. Wsypywać arszeniku do każdej zupy. Skutki bywają zbyt radykalne.

9. Agresywnie obrzydzać rywalkę, o ile ją znamy.

Unikać miana szantrapy.

10. Upijać się samotnie.

11. Zaniedbywać się ostatecznie.

12. Śledzić go jawnie podejrzliwym spojrzeniem na każdym kroku.

13. Zgadzać się na wszystko.

Należy za to:

1. Witać go radosnym śmiechem i średnio czułymi słowy.

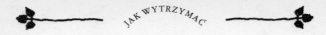
2. Natychmiast popędzić do fryzjera
i zadbać o własną twarz.

3. Z uwagą przejrzeć garderobę, wierzchnią i spodnią,
i dokupić sobie co trzeba.

4. Przygotowywać posiłki ekstra klasy,
łatwe do odgrzania.

5. Znienacka zrobić kolację z szampanem,
przy kwiatach i świecach.

6. Obowiązki małżeńskie, o ile on da się do nich
nakłonić, spełniać z nowym ogniem
i wśród wymyślnych sztuk, szepcząc mu
komplementy, nawet gdyby mu źle wyszło
i okazał się do bani.

7. Tryskać zdrowiem.

8. Obrzydzać rywalkę, o ile ją znamy,
w sposób dyplomatyczny i perfidny.

Cieszyć się, że:

a. Ona jest tak elegancka
i ma taki świetny gust, ubiera się wyłącznie
w najdroższych domach mody.

b. Zazdrościmy jej perfum, trochę może duszące,
ale za to najkosztowniejsze na świecie.

c. Ona jest taka gospodarna, cudownie sprząta,
świetnie gotuje, ta pedantyczna czystość...!

d. Nie zważa na drobiazgi,
co tam dla niej paznokcie,
może mieć połamane.

e. Taka beztroska, na nic nie zwraca uwagi,
mówi kiedy chce, śmieje się kiedy chce,
nawet bez powodu, zegar jej nie obchodzi
i poczucie czasu nie spędza jej snu z powiek.

Martwić się, że:

a. Nie bardzo ona umie gotować.

b. Taka elegancka,
czy jej się uda to utrzymać, ubiera się wszak
w najdroższych domach mody.

c. Świetne te jej perfumy i upiornie drogie,
szkoda, że duszące.

d. Taka zadbana, jaka szkoda, że ma takie
brzydkie obojczyki i odrobinę krzywe nogi.

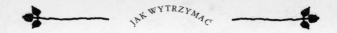

e. Taka towarzyska, tak lubi ludzi,
szkoda, że głównie mężczyzn.

f. Czy ona zadba o jego zdrowie,
roztargniona i nie ma poczucia czasu...

Dyplomatycznych uwag istnieje zatrzęsienie i można je sobie wybierać dowolnie, zależnie od cech rywalki. A to włosy straci, jeśli będzie je tak ustawicznie farbować, a to skłonności do tycia zmuszą ją do diety, a to chudość jej wydaje się chorobliwa, a to z pantoflami musi mieć kłopoty, bo przy takich stopach...

Coś tam w niej zawsze znajdziemy właściwego, czego ten idiota, rzecz jasna, nie zauważył.

9. Pozornie nie zwracać uwagi na jego poczynania
i udawać zajęcie czym innym.

10. Każdą propozycję i żądanie rozważać wnikliwie,
na głos, i pytać go o radę.

11. Odmienić się zewnętrznie.

Niezłym sposobem jest pojawienie się znienacka tam gdzie on się znajduje, najlepiej w miejscu publicznym możliwie wytwornym, w nowej szacie i fryzurze, symulując kompletny brak wiedzy o jego obecności, tak, żeby nas od

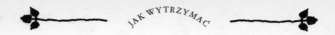
razu nie poznał. Nie ma mężczyzny, który nie zainteresowałby się piękną obcą kobietą, bodaj podświadomie i marginesowo. Po czym wykryje, iż owa piękna kobieta jest to jego własna żona i co będzie, pokaże czas.

Przykład, jaki znam osobiście, ma co prawda charakter odwrotny, o czymś jednakże świadczy.

Pewna żona, mocno już przyzwyczajona do męża, oczekiwała na lotnisku jego powrotu z dalekiej podróży. Samolot wylądował, żona stała na widokowym balkoniku. Nagle ujrzała, iż przez płytę lotniska idzie niezmiernie przystojny facet, który jej się ogromnie podoba. Z chwili na chwilę podobał jej się bardziej, prawie zapomniała o mężu, po czym z westchnieniem zeszła na dół. I wówczas okazało się, że ten facet to właśnie jej mąż.

Zakochała się w nim na śmierć i życie, bardziej, niż we wczesnej młodości.

Nie ma przepisu,
że nie może być przeciwnie.

Jeśli nie grozi nam rywalka i zmuszone jesteśmy tylko walczyć z brutalną rzeczywistością, musimy skupić się w sobie.

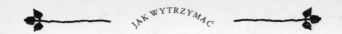

Czegoś naszemu mężczyźnie brakuje, czegoś ma w nadmiarze i coś go gryzie. Zagadkę należy rozwiązać, inaczej bowiem nie zdołamy przeciwdziałać.

Zaś, jak znamy życie...

Po przejrzeniu garderoby okaże się, że brakuje nam pieniędzy na niezbędne uzupełnienia. (Pożyczmy od rodziny i przyjaciółek. Nie pieniądze, tylko sztuki odzieży.)

Kolacja ze świecami na stole, my na wielki dzwon, a on wcale nie wróci do domu, albo wróci o piątej rano. (Kiedyś jednak musi wrócić nieco wcześniej. Zamknięte wino może stać do uśmiechniętej śmierci, świece same z siebie się nie zużywają, tylko kwiaty nam zwiędną. Nie szkodzi, starajmy się o polne, względnie doniczkowe. Doniczka, w razie czego, może posłużyć dodatkowym celom).

Co do odmiany zewnętrznej, ubieramy się w akcesoria kabaretowe, świecimy mu w oczy czarną koronką, zwlekamy z wyborem sukni, rzekomo na niego nie zważając... Ale zaraz, zaraz! Ważymy osiemdziesiąt pięć kilo. W co, na litość boską, możemy się ubrać, żeby on dla nas na nowo oszalał?! (No trudno, musimy się odchudzić. Albo nadwaga, albo mężczyzna!)

I tak dalej.

Tymczasem nasze starania powinny zostać uwieńczone powodzeniem. Doskonałe wrażenie mogłaby zrobić wiadomość o milionowym spadku po naszym stryju, który właśnie umarł. Nieźle wypadłaby także nagroda Nobla dla nas, broń Boże nie dla niego, bo zyskawszy swobodę finansową, dopieroż rozwinąłby skrzydła! Na stryja i Nobla może akurat nie mamy szans, co by tu zrobić...?

Spróbujmy wszystkiego po kolei, w tym zaś dwóch kontrastowych sposobów.

Pierwszy:

W gruncie rzeczy najprostszy, najmniej pracochłonny. Poniechać wszystkiego, co robiłyśmy do tej pory. Ni ma śniadanka, ni ma obiadku, ni ma czystej koszulki, ni ma latania na pocztę z jego awizem, ni ma zakupów spożywczych, ni ma ziółek na zgagę i jogurciku na kaca, ni ma guzików, ni ma zmywania...

Jego brudne talerze i szklanki stoją na stole, jak stały, jego zużyte gacie nadal poniewierają się na podłodze w łazience, w lodówce wyłącznie produkty odchudzające, biały serek i marchewka...

(Jak wiadomo, najbardziej odchudzającym warzywem jest surowa marchew w całości, spożywana au naturel.

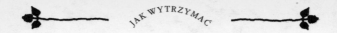
Więcej kalorii się traci gryząc ją, niż zyskuje zjadłszy).

...jego kasety, taśmy i książki, skłębione ze sobą, pokrywają się warstwą kurzu, nikt mu nie znajdzie zagubionych skarpetek, śrubokręta, rachunku za telefon, rannych kapci, zaginionego krawacika i czystych ręczników. Gehenna!

Sposób, acz dla nas wygodny i nader ulgowy, zarazem jest dość radykalny, bo on tego wszystkiego nie wytrzyma i zwyczajnie pójdzie w diabły. Trudno, ryzyk-fizyk. Ileż czasu przy tym zyskujemy dla siebie!

I drugi:

Też prosty. Poderwać sobie innego mężczyznę. Łatwiej poderwać, niż utrzymać.

Działa najlepiej.

Jakość i rodzaj tego innego nie ma najmniejszego znaczenia, ponieważ i tak ciągle kochamy tamtego naszego. Irracjonalnie, bez sensu, bez powodu, wbrew jego wadom, wbrew uciążliwościom, wbrew wszystkiemu.

Miłość jest jak kot.
Chodzi własnymi drogami.

Miłość powoduje, że przyszycie mu guzika do marynarki wydaje nam się szczęściem niebiańskim, że zupkę dla niego zaprawiamy własnym sercem, że upojenie w nas budzą:

- jego kurteczka, wisząca na oparciu krzesła,
- zastarzały i nie do usunięcia smród z jego fajki,
- popiół z tejże fajki, znajdywany wszędzie:

  a. w maśle

  b. w kwiatkach

  c. w maszynie do pisania

  d. na każdym dywanie

  e. na każdym obrusie

  f. na wszystkich talerzykach i spodeczkach
  i w ogóle gdzie popadnie.
- jego nieznośne chrapanie

  a. w łóżku

  b. przed telewizorem

  c. w podróży pociągiem

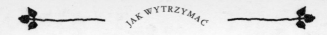

d. a już najgorsze w samolocie

- jego poranne pienia w łazience
przy goleniu.
- jego zabłocone buty,
o które potykamy się, wchodząc do mieszkania.
- jego wszystkie błędy i głupkowate pomyłki.
 - oraz fakt, że w celu zaparzenia herbaty
sypie ją do czajniczka, nalewa zimnej wody z kranu
i stawia to na ogniu.

...że jego wstrętna morda dla nas jest piękna, że jego łysina
rozczula nas do łez, że w jego rozkudłanej brodzie widzimy
skarby Sezamu...

> *Puknijmy się w głowę,*
> *chociaż to i tak nic nie pomoże.*

Miłość też powoduje, że mężczyźni twierdzą, jakoby
kobiety kłamały na potęgę, jak wściekłe, z każdym niemal
oddechem.

> *Opinia ta jest niesłuszna*
> *i wysoce krzywdząca.*

Zakochana kobieta, podrywająca mężczyznę z miłości, żywi najświętsze i najgłębsze przekonanie, iż uwielbia:

- sypiać w namiocie i myć się o wschodzie słońca
w jeziorze.
- spędzać całe lato na chybotliwej żaglówce,
smagana wichrem, moczona deszczem,
spalona słońcem, aczkolwiek wody boi się
panicznie, skóra jej pierzchnie,
a włosy przemieniają się w rozkudłane siano.
- łowić ryby.
- grzebać w znaczkach.
- rozwiązywać skomplikowane zadania
matematyczne.
- tresować węże,
których śmiertelnie się brzydzi.
- pić piwo, którego nie znosi.
- czytywać w prasie artykuły polityczne,
z których jednego słowa nie rozumie.
- jeździć konno, czego w ogóle nie potrafi,
a konia też się boi.

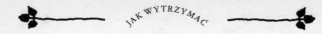

- wspinać się na górskie szczyty.
- grać w karty, co ją potwornie nudzi.
- drzemać po obiedzie,
czego żadna nie trawi i nie toleruje.
- bawić się kolejką elektryczną.
- oglądać mecze bokserskie.
(Zazwyczaj ogląda je z zamkniętymi oczami.)
- gotować dla niego.
- myć samochód.
- czyścić akwarium.
- podejmować błyskawiczne decyzje.
- spacerować o północy po cmentarzu.
zależnie od gustów mężczyzny.

> *O jednym tylko nie zapewni go przenigdy:*
> *że kocha myszy.*

Wszystkie te upodobania wcale nie stanowią podstępnego łgarstwa. Ona rzeczywiście jest pewna, że to wszystko kocha, ponieważ kocha jego i miłość do niego opromienia jej nawet węża.

Potem się okazuje, że uwielbiać, to ona owszem, uwielbia, ale:
- pensjonaty i hotele kategorii super
z łazienkami i ciepłą wodą.
- urlopy na wyspach Kanaryjskich.
- lokale z dansingiem.

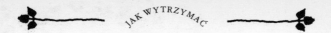
- jeździć samochodem.
- oglądać filmy romansowe.
- spacerować o dwunastej, nie w nocy jednakże,
tylko w dzień i nie po cmentarzu, tylko po sklepach.
- pić szampana, względnie mleko,
a nie żadne piwo.
- wydawać pieniądze.
- posługiwać się gosposią,
która jej zdejmie z głowy to cholerne gotowanie.
- leżeć na morskiej plaży.
     i tym podobne.

Po czym on, z wielkim oburzeniem i goryczą, twierdzi, że został oszukany. Kłamała na potęgę, przez co głupio uwierzył w pokrewieństwo dusz i teraz czuje się nieszczęśliwy i wyrolowany.

Nieszczęśliwy być może, wyrolowany niesłusznie. Ona naprawdę wierzyła w to wszystko granitowo, potem zaćma z oczu jej spadła, umysł odzyskał odrobinę równowagi i wszystkie prawdziwe upodobania wróciły na swoje miejsce.

*Niejaką pociechę stanowi myśl,
że miłość nie jest wybredna i potrafi spaść
na każdego. Na niego też.*

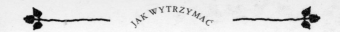
Nie tylko my mężczyznę, ale także mężczyzna nas może kochać irracjonalnie, bez sensu, wbrew naszym wadom, wbrew naszym błędom, wbrew naszemu okropnemu charakterowi, wbrew wszystkiemu. Zdarza się. Liczyć na to jednakże nie można, bo nigdy nie wiadomo, czy akurat na nas ta łaska boska spadła.

Lepiej na nią zasłużyć...

A otóż nie wiadomo, czy lepiej.

Znałam jedną taką...

Nieduża, chuda, zasuszona, acz młoda, z włoskami w kukiełkę jak stara nauczycielka, bezbarwna, z charakterem obrzydliwym, zawsze skwaszona, cierpka, kąśliwa, patologicznie skąpa, niechętna wszystkim i wszystkiemu, samolubna i kłamliwa. Wyprana z seksu. I za nią lata całe szalał czarujący mężczyzna, co najmniej jeden, a ładnych paru innych też by chętnie poszalało. Od nikogo nigdy nie zdołałam się dowiedzieć, co u diabła w niej widzą.

Znałam natomiast drugą taką...

Nic podobnego, nie znałam. Nie znałam żadnej pięknej, pełnej zalet duchowych, wyzutej z wad, anielsko

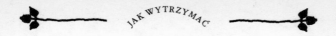

dobrej dla mężczyzny, która by została porzucona bez powodu. Zawsze jakaś przyczyna była i nawet udawało się bez trudu znaleźć ją i zrozumieć.

Wynika z tego wniosek prosty, acz przerażający. Jeśli nie jest to wyraźna rywalka, szukajmy przyczyny w sobie!

No dobrze,
niech ktoś inny znajdzie.
Nam najtrudniej.

Poza wszystkim, mężczyźni nie doceniają kobiet, o co zresztą kobiety same się w dużym stopniu postarały.

Która pędzi do lustra, słysząc, że on, nawet trwale zafiksowany, nawet poślubiony (szczególnie poślubiony!), wraca do domu? Większość pędzi do przedpokoju, nie bacząc na własny wygląd zewnętrzny, żeby:

1. powiadomić go tonem grobowym o:

    a. zepsutym kranie.

    b. cieknącym kaloryferze.

    c. chorobie dziecka.

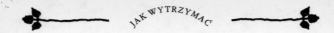

d. wywiadówce w szkole.

e. braku pieniędzy.

f. zgubieniu portmonetki.

g. stłuczonej szybie.
oraz innych kataklizmach.

Mężczyzna, którego w progu domu za każdym powrotem spotyka katastrofa, przestaje lubić ten dom.

2. Zrobić awanturę, że za późno wraca.

3. Obwąchać go podejrzliwie,
natrętnie pytając, gdzie był.

4. Wyrwać mu wszystkie pieniądze.

5. Natychmiast wypchnąć go z powrotem za drzwi,
żeby dokonał zakupu, o którym ona zapomniała.

Mężczyzna zaczyna przemyśliwać, jak by tu się dostać na trochę do więzienia, które wydaje mu się spokojnym, wypoczynkowym miejscem.

Która kobieta zadba o to, żeby po dżinsach, szlafrokach i fartuchach kuchennych pokazać mu się

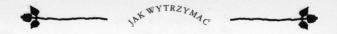
w seksownej kiecy, pończochach jak mgiełka i wysokich szpilkach? Mężczyźni sami nie wiedzą, jak kochają wysokie obcasy. Kobiety w gruncie rzeczy wiedzą, ale bez dopingu im się nie chce.

> *A kapelusze? Z woalkami?*
> *Szanowne panie,*
> *spróbujcie, a zobaczycie!*

Jednej rzeczy przenigdy robić nie wolno: ubierać się w jego oczach stopniowo.

Rozbierać owszem. Ubierać się za nic!

Kolejne, upiększające nas kawałki, na które ten półgłówek patrzy, zaczynają umykać jego uwadze jako całość. Narastający efekt przestaje być efektem. Coś trzeba

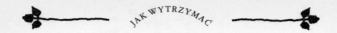
sobie zostawić na wystrzał, najlepiej wszystko, a jak się nie da, to chociaż warstwę wierzchnią, suknię i twarz.

Suknię. Nie spodnie!

Prawdziwi mężczyźni, wyzuci z cech homoseksualnych, mają zgryzotę podobną do kobiecej. Też im nosem wychodzi użeranie się z własną płcią i spragnieni są płci przeciwnej całkowicie. Męskie cechy kobiety, obojętne, wewnętrzne, czy zewnętrzne, gdzieś tam im się odbijają negatywnie, może w szyszynce, która nie wiadomo do czego służy. A kto wie, czy nie do tego właśnie...?

Któraż zwyczajna kobieta, nie aktorka, nie modelka, nie krupierka w kasynie, nie prezenterka w telewizji, naprawdę pilnuje rąk? Niech szlag trafi obieranie kartofli i zmywanie, nauczmy się wszystko robić w rękawiczkach! Chirurg może, a my co, od macochy? A powiedzmy sobie szczerze, operacji mózgu kartofle do pięt nie sięgają.

Co prawda, tymi rękami jak kwiaty, z paznokciami, z lakierem, możemy mu majtać przed nosem skolko ugodno, palcami przebierać, podrapać go w końcu, nic z tego, urody nie zauważy. No to wyłupać kilofem, kładąc przed nim piękne dłonie, jakie okropne ręce ma ta... (postać obojętna, może być ktokolwiek). Nie ma siły, chociaż okiem rzuci w ramach skojarzenia, a kto wie, może przy okazji cień myśli w nim się zalęgnie?

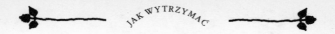

Jakieś poczucie estetyki, nikłe bo nikłe, ale jednak, posiada nawet mężczyzna. Należy je zaspokoić.

Jest to jedyny obowiązek, którego spełnienie sprawi nam rzetelną przyjemność.

Każde zwierzę da się wytresować.
Mężczyzna też.

Celem tresury powinno być ugruntowanie w nich przekonania, że jesteśmy ważne i lekceważyć nas nie wolno, bo lekceważenie mści się na nich samych. Z przedmiotem nie lekceważonym, a przeciwnie, cenionym wysoko, postępuje się zupełnie inaczej, niż z byle barachłem.

Najprostszy przykład
zawarty jest w czekaniu.

Inaczej, rzecz oczywista, czeka się, lub też nie czeka, na mężczyznę dochodzącego, inaczej na świeżutkiego wielbiciela, a inaczej na męża, który od lat mieszka razem z nami.

Generalna zasada jest jedna:
na mężczyznę czekać nie wolno.

Raz na zawsze ma wiedzieć: jeśli się spóźnia, spotyka go coś złego. Dopuszczalny wyjątek: owszem, czekamy zgoła w nieskończoność, jeśli to coś złego, co go powinno spotkać, mamy starannie zaplanowane i wymaga ono naszej obecności.

W zasadzie tresurę w tej dziedzinie należy rozpocząć od pierwszego kopa, pierwszej chwili znajomości, wręcz od pierwszego spojrzenia, jakie na nas padło.

Czekanie na mężczyznę jest ogólnie szkodliwe, bowiem:

Po pierwsze: marnuje kobiecie czas, którego ona ma i tak za mało.

Po drugie: niszczy

a. zdrowie i nerwy

b. kunsztowny makijaż

c. starannie przygotowany świeżutki posiłek

d. plany na najbliższą przyszłość

e. dobry nastrój

f. a także różne inne.

Jeśli umówione z nim jesteśmy poza domem, obojętne gdzie, w kawiarni, na rogu ulicy, na dworcu kolejowym, w parku przy karpiach do karmienia, sprawa jest łatwa. Przychodzimy, mniej więcej zgodnie z ustalonym czasem

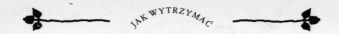

i stwierdzamy jego nieobecność. O ile właściwa godzina już minęła, oddalamy się natychmiast. O ile trochę do niej brakuje, czekamy spokojnie te pięć minut, po czym oddalamy się również.

Zważywszy rozczarowanie, mogłyśmy bowiem być zaproszone na:
- bal karnawałowy w świeżo odnowionym Bristolu
- wycieczkę do Paryża
- spotkanie z Danielem Olbrychskim
- wybieranie prezentu dla nas w jubilerskim sklepie
- lub coś podobnego

bezwzględnie musimy mieć przygotowane zawczasu niezmiernie atrakcyjne zajęcie dla siebie. Aż się trzęsiemy do niego i prawie chcemy gorąco, żeby on się spóźnił, a zajęcie stało się naszym udziałem.

Gorzej, jeśli czekać na niego musimy u siebie w domu. Zazwyczaj w domu mamy co robić i porzucenie własnego mieszkania paskudzi nam wszystko. Albo zatem decydujemy się zawalić zajęcia natury gospodarsko-codziennej, wychodzimy mimo wszystko i udajemy się tam, gdzie nas ogólnie ciągnie, na przykład:

- do kosmetyczki
- do hinduskiego sklepu z odzieżą
- do kina, na film, który bez problemu
mogłyśmy obejrzeć w telewizorze

- do przyjaciółki,
która ma wysoce interesującego męża
- do kasyna
- do lasu na grzyby
- na tenisa
(tenisiści prezentują zazwyczaj
duże walory zewnętrzne)
- na byle który parking,
gdzie spróbujemy ukraść samochód,
bo niby dlaczego nie? Mafia może, a my co?

Albo też, jeśli nie chce nam się opuszczać domu ze
względu na złe warunki atmosferyczne, względnie własne
lenistwo, przestajemy czekać, przebieramy się w elegancki
negliż i łapiemy się za jakiekolwiek osobiste hobby.
Możemy przesadzać kwiatki, rozstawiając je po całej
podłodze, możemy czytać sensacyjną powieść, nie
rozumiejąc z niej ani jednego słowa, możemy wywoływać
zdjęcia w łazience, o ile potrafimy i posiadamy sprzęt,
możemy przystąpić do pieczenia ciasta, możemy wszystko.
Możemy otworzyć butelkę wina i nawet nieco się urżnąć.

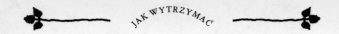

W tym celu, na wszelki wypadek, kobieta musi dysponować:

a. własnym hobby *(koniecznie!)*

b. korkociągiem na zasadzie dźwigni
   (inaczej tego wina nie otworzy
   i będzie musiała prosić o pomoc sąsiada.
   Sąsiada o pomoc można zawsze prosić,
   nawet gdyby się miało pięć korkociągów,
   o czym on wcale nie musi wiedzieć.
   Gdyby nazajutrz przyniósł nam szósty
   w prezencie, rozumiemy, że nie jesteśmy
   w jego typie. Mamy tu na myśli sąsiada).

c. dyscypliną wewnętrzną *(jeśli, w wyniku*
   spóźnienia, oczyma duszy widzimy go:

   - w kostnicy
   - w szpitalu na stole operacyjnym
   - w więzieniu
   - pod tramwajem,
   który nie zauważył, że przejechał człowieka,
   leży on tam w kawałkach i kona
   - w rowie przy autostradzie
   pod ruiną samochodu
   - w ramionach rywalki żadne racjonalne
   działania nie będą miały do nas dostępu.)

Dodatkową korzyść osiągamy, jeśli on jednak przychodzi i zastaje nas w promiennym humorze, z blaskiem w oczach i rumieńcem na licu, uprawiającą hobby, za każdym razem inne. Dojdzie do wniosku, że jesteśmy kobietą intrygującą, po której diabli wiedzą, czego się można spodziewać. Z samej ciekawości będzie przychodził.

Jeśli zaś głupie spóźnienie pozbawi go:

- zaplanowanej rozrywki
- posiłku, którego oczekiwał
- pieniędzy, które już wydał, opłacając bal,
lub też bilety lotnicze
- dobrego samopoczucia
- oraz innych wartości,

zastanowi się wreszcie, co robi i przestanie się spóźniać. Następnie zaś pojawi się w nim mgliste i podświadome skojarzenie z kobietą, podobne jak z pociągami na dworcu. Nie chcą czekać i trzeba się z nimi liczyć.

Jeśli nie odczuje żadnych strat, bo jedyne co go interesowało, to nasza osoba, tej zaś właśnie dopadł i ma, możemy sobie nie zawracać głowy niczym.

Zważywszy, iż umysłowość kobiet chodzi osobliwymi

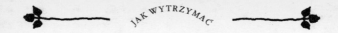

drogami, czujemy się zobligowane zwrócić im uwagę na jedną drobnostkę.

Otóż mężczyźni czasami pracują i spełniają obowiązki, nie związane z życiem uczuciowym. Podróżują komunikacją państwową i miejską, względnie własnymi samochodami w korku. Miewają spotkania służbowe i nagłe wypadki w pracy. Bywają policjantami, strażakami i lekarzami w pogotowiu. Leśnikami, hodowcami zwierząt, ratownikami górskimi i marynarzami.

Te rzeczy należy uwzględnić. Trudne chwile zawodowe i totalna niemożność przemieszczenia się w przestrzeni, jak:

- lawina górska
- gęsta mgła na drodze
- katastrofa kolejowa
- niespodziewany klient z Australii
- burza na morzu
- trzy trupy jeden po drugim,
a zabójca właśnie ucieka

- pożar domu towarowego
- i tym podobne

w pewnym stopniu zwalniają ich z punktualności.

Nader rzadko się zdarza, żeby służba leśna podpalała bory i gaje dla usprawiedliwienia swojej nieobecności na obiedzie, lub kolacji. Nie było także wypadku, żeby marynarz czy rybak w tym samym celu wywołał porządny sztorm. Mowy nie ma nawet o malutkim szkwaliku.

Zatem, po starannym rozważeniu rodzaju ich zajęć i obowiązków, stosujemy taryfę ulgową i, na przykład, na policjanta z wydziału zabójstw czekamy cierpliwie. Na policjanta z wydziału gospodarczego już mniej.

Bez względu na własne doznania, musimy powstrzymać się od uwag:

- kąśliwych
- złośliwych
- awanturniczych
- złowieszczych
- płaczliwych
- zawierających groźby,
choćby nawet i nie karalne
- i ogólnie mało sympatycznych,

jeśli przybywa spóźniony marynarz, taternik, gliniarz, strażak, chirurg i trup.

No nie, przy trupie trochę się zdenerwujemy. Jeśli ma cień taktu, nie powinien przybywać.

Pozostałych witamy czułym uśmiechem, współczuciem, radosnymi słowy i gotową kolacją. Względnie po prostu gotową sobą.

Wszystko inne tylko ich do nas zrazi.

Nieźle jest także, o ile nie zachodzi żadna z ewentualności wymienionych wyżej, a czekamy w domu, szybko wydzwonić sobie jakiegokolwiek osobnika płci męskiej w wieku jeszcze jako tako produkcyjnym, którego dyplomatycznie i podstępnie nakłonimy do odgrywania roli potencjalnego gacha. Istnieje duża szansa, że ten nasz akurat się na niego nadzieje.

Wyjaśnień nie należy odmawiać, cóż znowu! Przeciwnie, służymy nimi chętnie, rzecz jasna w cztery oczy.

- Bo jak ty się spóźniasz, kochanie,
to ja się tak potwornie denerwuję,

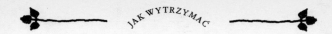
że już sama nie wiem, co robić i muszę...
- mieć obok siebie żywego człowieka,
byle kogo

- natychmiast wyjść z domu,
żeby nie zwariować

- coś robić, co mnie jakoś zajmie

    ... inaczej bym tu umarła,
    albo ciebie znienawidziła.
    A ja cię przecież chcę kochać!

Warianty wyjaśnień można sobie tworzyć dowolne,
zależnie od charakteru, sytuacji i poglądów przeciwnika.

Pomijając już wszystko inne, z mężczyzną, który nas
wcale jeszcze nie zamierza porzucić i któremu na nas zależy,
należy rozmawiać.

Rzecz oczywista, nie w chwilach, kiedy:

- ogląda mecz
- łowi ryby
- chciwie spożywa posiłek
- korzysta z nas seksualnie

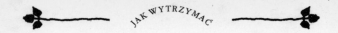
- ciężko schetany, głowi się nad służbowym,
nierozwikłanym problemem, od którego
zależy reszta jego kariery

- właściwie nie wiadomo kiedy.

Jeśli akurat zasypia, a nam uda się go rozbudzić,
możemy to uważać za wielki, osobisty sukces.

Z wysiłkiem znalazłszy odpowiednią chwilę,
powinnyśmy podsunąć mu kilka spostrzeżeń.

1. My się do niego stosujemy. Bierzemy pod uwagę
jego potrzeby i upodobania nawet jeśli są całkowicie
sprzeczne z naszymi. Rozumiemy, że beznadziejna
naprawa łańcucha od roweru stanowi treść życia.
Rozumiemy, że spotkania w męskim gronie
są niezbędne dla ludzkiej duszy, co wyraźnie
słychać, bo po nich często ludzka dusza śpiewa
„góralu, czy ci nie żal?". Rozumiemy, że mecz,
że karty, że ryby...

(Nawiasem mówiąc, mężczyźni chodzą na ryby wcale
nie dla połowu, tylko po to, żeby zyskać chwilę świętego
spokoju. Relaks. Do knajpy zaś, nie z rozszalałego
upodobania do kaca, tylko dla oderwania się od gnębiącej
codzienności).

2. Nasze stosowanie się do niego i odgadywanie jego
życzeń i pragnień wyczerpuje nas nerwowo.
Niekiedy cierpimy katusze, ale twardo spełniamy
zadanie dla jego szczęścia.

3. Nie wiadomo, jak długo wytrzymamy.

4. Może zatem on powinien:

   a. jasno, wyraźnie i otwarcie wyjawiać swoje
   życzenia i pragnienia, żeby chociaż
   zaoszczędzić nam zagadek, szczególnie
   że czujemy się głupie i możemy źle odgadywać

   b. w ramach wzajemności od czasu do czasu
   uwzględnić nasze życzenia i pragnienia,
   stosując się do nas, o ile to zniesie

   c. wiedzieć co robimy
   i okazywać, że nas docenia

5. Proponujemy kompromis:
dwa razy my dla niego, a raz on dla nas.

Tę proporcję z łatwością przekształcimy po niewielkim
upływie czasu. Dwa razy on dla nas, a raz my dla niego,
ale na ten temat nie musimy dyskutować.

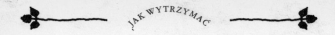
Jeśli całe nasze gadanie dotrze do niego, on zaś, wciąż nas kochając, pójdzie na ugodę, wszystko w porządku i trzeba mu potem tylko o niej delikatnie przypominać.

Jeśli nie dotrze, znaczy, że mamy przy boku ostatniego ćwoka i niczego z nim nie osiągniemy. Było nie brać ćwoka.

Na marginesie:

Zostało naukowo dowiedzione, że każdy ssak potrzebuje dystansu do drugiego ssaka. Odległość jest różna, zależnie od gatunku, co innego dla szczura, co innego dla tygrysa, co innego dla wieloryba, a co innego dla człowieka. Jeśli odległości brakuje, ssak popada w nerwicę, budzi się w nim agresywność i nienawiść do pozostałych osobników własnego gatunku. Zaczyna atakować.

Człowiekowi potrzebne jest mniej więcej dwa metry.
Gdzie my mamy te dwa metry?

Dzięki poglądom świętej pamięci nieboszczyka pana Gomułki, załatwiły nam egzystencję normatywy budowlane, siedem metrów kwadratowych na człowieka, metr więcej, niż dla rasowej krowy. Dziw, że nie zaczęliśmy dawać mleka, aczkolwiek doić się pozwalamy.

Człowiek wkłąda płaszczyk i zrywa z sufitu żyrandol. Ubiera się w marynareczkę i wali żonę w zęby. Sięga po szklankę z herbatą i puka w łokieć odrabiające lekcje dziecko.

W człowieku zaczyna się budzić nienawiść do własnej żony i własnego dziecka. Kolegów w pracy, siedzących mu na plecach, nienawidzi już dawno.

No i jak my możemy lubić się wzajemnie?
Skąd mamy brać wzajemną życzliwość?

Należałoby jakoś opanować to nieszczęście dziejowe. Z uwagi na pełną niemożność rozsunięcia ścian i sufitów, musimy:

1. Tolerować opuszczanie domu przez mężczyznę. Nie czyni tego przeciwko nam, tylko zgodnie z przyrodą.
(Rozsądnie byłoby wykorzystać tę naturalną potrzebę, zlecając mu coś do załatwienia, lub też nabycia. Najlepiej produkt trudno osiągalny, a użyteczny).

2. Tolerować opóźnianie powrotu. Tylko w fazie rozszalałych pożądań erotycznych on z przyjemnością myśli o ciasnocie.

(Nieobecność drugiej istoty ludzkiej świadomie wykorzystujemy dla siebie, pośpiesznie oddychając zdobytą chwilową przestrzenią. Kobieta to też ssak).

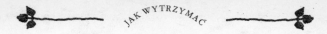

3. Zdać się na wolę niebios.
Wytrzymamy, albo nie.

*(Wiedząc o przymusie biologicznym, nie obarczamy
przynajmniej winą drugiej strony i unikamy
niektórych zadrażnień, co też się przyda).*

Powiedzmy sobie uczciwie, że pojawiają się niekiedy
na powierzchni globu mężczyźni inteligentni.

Odznaczają się tym, że myślą.
Rozumieją samych siebie.

Pełne zrozumienie kobiety nie jest dla nich osiągalne
i nie możemy od nich czegoś podobnego wymagać. To już
byłoby za wiele.

Wystarczy, że widzą w kobiecie partnera, a nie
przeciwnika. Każdy sądzi według siebie, wnioskując zatem
po sobie, zdołają odgadnąć, iż kobieta bywa:

a. zmęczona

b. rozdrażniona

c. zapracowana

d. głodna

e. roztargniona

f. zajęta czymś postronnym

g. zazdrosna

h. niewyspana

i. wypoczęta

j. spragniona rozrywki

k. spragniona świętego spokoju

l. zadowolona z siebie

ł. niezadowolona z siebie

m. niepewna siebie

n. niezadowolona z mężczyzny

o. niepewna mężczyzny

p. wściekła wcale nie na niego

r. czasem nawet lżej, lub ciężej chora,
chociaż tego wszelkimi siłami starają się
nie przyjmować do wiadomości

s. podstępna...
Nie, tego lepiej żeby nie odgadywali.
i w ogóle rozmaita.

Jeśli prawie wszystko (bo o wszystkim nie ma nawet
co marzyć) powyższe potrafią jako tako rozumieć, łatwo
z nimi współżyć, należy ich doceniać i nie przesadzać
w innych wymaganiach.

Ponadto należy im wyjaśniać i przypominać, głosem
anielsko łagodnym i czułym, że jesteśmy rozdrażnione
i zdenerwowane nie przez niego, tylko przez jakiekolwiek
czynniki zewnętrzne, jego obecność zaś uspokaja nas i koi
nasze doznania. Że nasze roztargnienie wynikło z głębokich
rozmyślań o jego genialnych słowach, wypowiedzianych
wczoraj przy obiedzie (coś przecież powiedział, do licha,
jak nie przy obiedzie, to przy kolacji i nie ma znaczenia,
co to było). Że to on jest spragniony rozrywki, a my to
radośnie aprobujemy. Że owszem, jesteśmy chore, ale na
jego widok już nam się polepsza. Że gnębi nas
niepewność...

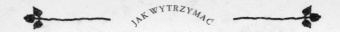
Zaraz, zaraz. Wyłania się grubsza sprawa.

Niepewność jest zjawiskiem wysoce interesującym i użytecznym.

Sama w sobie stanowi uczucie dobijająco przeraźliwe, ale całkowicie wyrzec się jej nie można.

Nasza nadmierna pewność co do niego, wyzuta z elementu niepewności, niesłusznie usypia naszą czujność i działa rozleniwiająco.

Jego nadmierna pewność co do nas, wyzuta jak wyżej, budzi w nim przesadną pewność siebie i pozbawia nas jakichkolwiek jego starań.

Jedno i drugie szkodliwe.

Niepewność jest jak sól. Żadna potrawa bez niej nie nadaje się do zjedzenia, ale wyobraźmy sobie, że mielibyśmy się żywić wyłącznie solą...

Z tego względu wypełnianie egzystencji niepewnością totalną jest nad wyraz niewskazane. Osoba, podlegająca

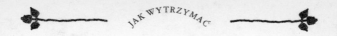

okropnemu uczuciu może w końcu zwariować i wtedy
będzie nam przykro.

Niepewność zaś może nas gnębić na tle:

1. Czy on nas kocha.

2. Czy on przypadkiem czegoś sobie nie podrywa.

3. Czy my go rzeczywiście kochamy.

4. Czego w ogóle od niego chcemy.

5. Co się z nim dzieje tam, gdzie jest,
jeśli go nie ma z nami.

6. Zrobić mu awanturę, czy paść w objęcia.

7. Zaprosi nas na bal sylwestrowy, czy nie.

8. Co on myśli, jak nic nie mówi.

9. Co włożyć na siebie, zielony sweterek,
czy malinowe wdzianko.

10. Zadzwoni, czy nie zadzwoni.

11. Zadzwonić do niego, czy nie zadzwonić.

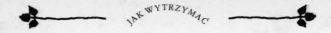

12. Przyniesie pieniądze do domu,
    czy roztrwoni po drodze.

13. Zje przypaloną fasolę,
    czy wyrzuci talerz przez okno.

14. Sypia z sekretarką dyrektora, czy nie.

15. Jechać na urlop razem, czy oddzielnie.

16. I w ogóle na wszystkich innych tłach.

Pół biedy jeszcze, jeśli niepewność ma charakter krótkofalowy. Wróci do domu za godzinę, ten talerz z fasolą wyrzuci i już zyskujemy kojącą pewność. Gorzej, jeśli musimy gryźć się przez całe tygodnie, miesiące i lata, a pewności nie zyskamy nawet pośmiertnie. Chociaż w tej kwestii istnieją różne zdania.

Podstawowym elementem niepewności jest pytanie: mamy go już na zawsze i na mur, czy też możemy w każdej chwili zostać porzucone?

W tym drugim wypadku odrobina niepewności zrobi nam doskonale, zmusi nas bowiem do starań o własną wyższą jakość, a wyższa jakość zawsze nam się przyda. Nawet brutalnie porzucona jednostka wyższej jakości ma większe szanse życiowe pod każdym względem.

Znacznie lepiej jednakże jest dostarczyć odrobiny niepewności mężczyźnie. Niech on sobie nie wyobraża, że jesteśmy jego ręką albo nogą, posłuszną na każde skinienie, niech wie, że przez jakiś potężny wygłup może nas stracić. Przynajmniej postara się unikać potężnych wygłupów.

Należy tylko zauważyć, że oni niepewności nie znoszą i dozować im tę sól dyplomatycznie i z wielkim wyczuciem.

A najlepiej po prostu im się podobać.

Nawet najgłupsza kobieta świata zdoła poznać swojego mężczyznę, jeśli troszeczkę się postara. Zorientuje się, co on lubi i co go zachwyca i dostarczy mu tego, bo co jej szkodzi. Załóżmy, że on lubi:
- musztardę
- powiewne szlafroczki
w niebieskim kolorze
- wysokie obcasy
(nie na własnych nogach, rzecz jasna, tylko na jej)
- słuchać Szopena przy jedzeniu
- śledzie w śmietanie
- jeździć na rowerze
- woń perfum Diora
no to niech ma.
Niech sobie zeżre, obejrzy, powącha i niech pojeździ.

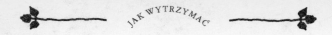

*Szczególnie woni perfum Diora
dostarczymy mu
z największą przyjemnością.*

*Jeśli uwielbia czosnek, zastanówmy się
nad nim zawczasu bardzo porządnie.*

Ze wszystkiego wyraźnie wynika, że współżycie z mężczyzną, to nie żadne śmichy chichy, tylko ciężka praca. Temat w najmniejszym stopniu nie został wyczerpany. Kobiety jednakże w tej dziedzinie posiadają instynkt pierwotny i olbrzymią inwencję i jeśli nie osiągają zawsze pożądanych rezultatów, to tylko dlatego, że im się nie chce. Albo też wybrały sobie niewłaściwego mężczyznę.

Tego od wątróbek utraciłam definitywnie, ponieważ właśnie, uczciwie mówiąc, przestało mi na nim zależeć i już mi się nie chciało.

Jeśli zaś którejś zależy i jeszcze jej się chce, trudno, całą tę galerniczą robotę musi odwalić. Nie płakać, unikać awantur (może najwyżej raz na jakiś czas rozbić mu na głowie półmisek z rybą w galarecie, albo parówkami w sosie pomidorowym. Jeśli będzie to czyn nietypowy dla niej

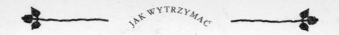

i sporadyczny, wstrząśnie nim nieco i każe się zastanowić), nie latać za rywalką z parasolką w dłoni, nie wyglądać jak maszkara, nie ciąć nożyczkami jego ulubionych krawatów, nie sprowadzać jego teściowej, a za to pląsać po mieszkaniu w radosnych piruetach, przyśpiewując „Szła dzieweczka do laseczka", witać go czułym uśmiechem i tworzyć wokół siebie raj na ziemi.

Że on z tego zgłupieje, to pewne.

A dalej będzie jak Bóg da, bo tak naprawdę nie wiadomo co z nimi robić już od tysiącleci. Nawet Kleopatra miała kłopoty i Oktawian jej nie chciał.

Ogólnie biorąc jednakże, wszystkie nasze trudy i znoje, wszystkie podstępy i starania, zmierzające do utemperowania, względnie przeciwnie, rozpłomienienia mężczyzny, muszą dawać jakieś pozytywne rezultaty, inaczej bowiem ludzkość zniknęłaby z powierzchni ziemi już dawno.

A nie zniknęła. Jest. Istnieje.
I nawet zmierza ku przeludnieniu.

Projekt okładki **Paweł Pasternak**
Układ typograficzny i ilustracje **Krzysztof Stefaniuk**
Skład i łamanie **Elżbieta Dudzińska**
Redaktor techniczny **Anna Kożurno-Królikowska**

ISBN 83-7184-827-7

Druk i oprawa:
Drukarnia Wydawnicza im. W. L. Anczyca S.A. Kraków